U0053731

應用社會科學調查研究方法系列叢書 16

個案研究法

Case Study Research

Robert K. Yin 著

李昌雄 推薦

陳禹辰 校閱

尚榮安 譯

弘智文化事業有限公司

Robert K. Yin

CASE
STUDY
RESEARCH
Design and Methods

ISBN 957-0453-24-9
Printed in Taiwan, Republic of China

推薦序

　　個人的研究涉入到國內產業電子化的議題，當我們深入比較台美兩地的企業經營和產業發展的經驗時，益發覺得直接套用國外理論和推論依據的不恰當。這樣的研究情境，相信也出現在許多其他的社會研究領域。個人深信，Yin 這本書所提出的個案研究策略，不僅在研究實務上具體可行，若能加以推廣並長期運用在國內的實證研究上，相信也能對國內產業發展及特殊社會現象的科學研究上，做出重要貢獻。

　　檢視過去個人知識的成長，有好大一部分是來自閱讀好的個案研究，不管是為數眾多的教學個案、產業研究，或是數量稀少但推論嚴謹的科學性個案研究。每次駐足圖書館或是書店時，當發現和我所關心議題有關的個案研究，它們總是會吸引我的目光，想要去理解及探索該研究所陳述的動人故事；因為我知道，一個好的個案研究，不僅可以藉作者和不同理論的觀點，協助讀者探知複雜的社會現象背後的深層意涵，經常的時候，結合各種理論和豐富的事實證據，可以直接顛覆我們習知的常識或信仰，而且我們對這樣的結論深信不疑。Yin 這本書裡便提供了許多各學術領域的典範個案研究，可作為初學者探索個案研究的進階。

在享受發掘知識的喜悅外，作為一個科學研究的學者，我們又較知識的消費者多一層關心，我們關心個案研究在科學社群中的定位和科學價值。這個議題，在過去，甚至現在，都不容易找到清楚或有共識的答案。到底甚麼才算是好的或是不是那麼好的個案研究？在眾多質化研究的門派中，在一場又一場涉及科學哲學的論辯中，學者很難找到一個共通的立足點，不知道該相信誰的說法是較為高明的。

　　我也直到博士研究階段，靠個人的摸索，第一次閱讀到個案研究方法學者 Robert Yin 及 Allen Lee 的著作，爾後經過親身實踐，才深切體會個案研究方法在晚近的創新和進步，已朝建立一完備的學術體系邁進，並逐漸受到社會科學研究者的重視。Yin 在 MIT 取得社會心理學（一個慣常使用科學嚴謹性最受肯定的實驗法的學術領域）的博士，爾後 Yin 涉入許多範圍廣泛的社會政策研究，由他來完成這本科學性個案研究方法的創新巨著，再加上前言中實驗方法的大師 Donald Campbell 的背書和期許，更增添此一方法的科學性和可信度。

　　Yin 將個案研究定位在一種研究策略（research strategy），和大家習知的質化研究方法（qualitative research methods）並不等同。當各類傳統的質化研究方法與 Yin 所建議的個案研究策略作適度的結合時，便有可能導致該類研究在科學研究方法上的創新。Yin 在個案研究上的主要創新，是在應用主流科學（自然科學模式）的演繹推論模式

（hypothetical-deduction），發展出科學研究程序及科學性判準的學術體系。具體而言，Yin 的創新和貢獻至少包括（但不限於）以下數點：

1. 釐清好的個案研究的研究設計（research design），所涉及的要素包括：

   A. 理論存在的必要，並依循理論來蒐集和分析資料

   B. 在可能的範圍內盡量增加自由度（degree of freedom），包括：

      a. 不同理論（互斥的 rival theories 或相異的 alternative theories）

      b. 不同個案（單一的 a single case 或多個案 multiple cases）

      c. 不同資料來源

      d. 不同資料蒐集方法

   C. 在自然的情況下作控制觀察和推論（natural experiments and controls）

2. 釐清好的個案研究的科學判準（scientific criteria），包括提出對信度、效度的內涵說明及具體做法；其中對個案研究最具爭議的外部效度問題，作者提出深具說服力的論點。簡言之，個案研究係追求理論效度（analytical validity），而非量化研究中常用的具統計意義的外部效度（statistical validity）。

3. 釐清和建議個案研究的一般程序（這在過去一直是非常隱晦及常被其他學者所詬病的）

ᵋ· 個案研究的目的和主要機會不在創見新理論（develop a totally new theory），而在檢測及延伸修正（testing, extending and modifying）已有理論（established theories），藉此一做法將理論體系向前推進。

根據作者個人的研究心得，Yin 的這本書若能配合以下的相關著作來學習，其體系可能將更完備，這在本人的網站和課程中（見 http://thlee.idv.tw），還有較爲詳盡的說明：

Allen Lee, "A scientific methodology for MIS case studies," *MIS Quarterly*, March 1989.本文討論科學的本質和判準，以及個案研究要如何符合這樣的科學判準的方法。此文是與 Yiin 這本書相互輝映的重要著作。

關於研究的巨觀過程

- 「誰是瘋子」，李執中等譯，科學方法新論，桂冠出版，八十三年。（這是一篇「描述性」的個案研究，對於科學發展的歷程，科學知識的穩定進展、突現、及誤入歧途等，多所描繪，是每一個想了解「研究事業」爲何的新進研究者，不能錯過的好文章。）

- 一個學者的養成和持續做研究的策略，請參考中

山管理評論，第五卷第三期，1997 年 9 月，
pp.467-492.

● 量化與質化方法相互爲用的一種可能性，請參考
Allen Lee，"Integrating Positivist and Interpretive
Approaches to Organizational Research,"
Organization Science, 2, 4:342-365, 1991.

理論的形式和內涵究竟爲何？這方面的書籍很多，但
並不容易閱讀理解。Cohen, B.P., *Developing Sociological
Knowledge: Theory and Method*, 2nd ed., Nelson-Hall, 1989，
特別是第四章的 "Ideas, Observations, and Knowledge
Claims,"可以省卻許多初學者的摸索工夫。

理論在不同類型的個案研究（例如描述性、探索性及
解釋性個案研究）中的角色與實踐，可以參考 Yin, Y.K.,
Applications of Case Study Research, Sage Pub., 1993.

多個理論同時受測的一種較適合的做法。演繹推論的
做法是先尋求符合理論成立的前提的證據，然後再積極尋
找否證（disconfirmation evidence），然而一組個案不可能
滿足所有受測理論的這個前提成立的要件，因此我們退而
求其次，可以將受測的一組理論分爲主受測的一個理論（a
main theory），和其他理論（alternative or rival theories），
將來研究結果的分析也以此一主要理論爲中心，來陳述支
持或不支持的證據和推論，若不支持（研究設計原就傾向
於不支持），則提出進一步延伸或修正此一主流理論的建

議。具體的做法讀者可以參考 Kumar et al., "The Merchant of Prato-Revisited: Toward a Third Rationality of Information Systems." *MIS Quarterly*, June 1998。

個案篩選的技術（例如尋求 natural controls 存在的方法，是找那種符合受測理論成立，但有足夠的證據相信結果會不如該理論所預測的個案，請參考前述 Kumar et al 的著作）

- 個案研究的論文撰寫格式
- 資料蒐集及分析的各種技術和案例，例如內容分析（content analysis）
- 存在在各學術領域的個案研究代表著作
- 與其他質化方法並用的可能性

個案研究的科學價值仍有賴更多好的個案著作出現，才有可能建立長期的地位。關於此點，Yin 認為研究者應極力追求好的個案研究品質，並朝這個方向上來批判彼此的研究成果，而非用隱晦的文字愚弄讀者或是追求較為狹隘的一種自圓其說而已。具體的做法，便是根據研究問題的需要，「傾全力」做好個案的研究設計，「有紀律的執行」個案研究，並在發表的論文中「清楚的交代研究過程的細節」。

最後我想談一下，學者採用個案研究策略應有的正確態度。國內的年輕學者在撰寫博碩士論文時，常犯以下的毛病：普遍的態度是害怕使用，按自己的方便任意使用，

最後是先蒐集資料才安心，其他的事情船到橋頭自然直。個案研究雖不一定要做長時間的田野調查（通常碩博士論文受限於畢業時間，也不建議這麼做），但是對豐富的實證資料及資料背後的深刻意涵，卻是研究者該真正關心的焦點，而這確實會考驗研究者過去的研究準備和功力，若沒有足夠的研究投入和對研究本身有深入的認識，整個研究的成果會事倍功半。換言之，採用個案研究策略的研究者可能要更了解研究的本質、研究的過程、及理論的不同內涵和形式等，對研究有較高的投入和熱誠，如此才較能發揮此一策略的效用。要克服此一難題，唯有對年輕學者提供更好更完備的研究教育和準備，以及提供更好的研究支援，才有可為。若是不加思索的拒絕採用，研究者將因而喪失個案研究所帶來的、別的方法無法提供的研究機會。

　　不管因為甚麼理由，正確的或是錯誤的認識也好，因而採用了個案研究，個案研究的執行都需要研究者更多的研究紀律和自覺（能偵測出研究過程中的問題並做即時的學習和調整），不然任意而為的結果，便是非常容易產生「很差」的個案研究結果，致研究推論無法取信於讀者。

　　最後，採用個案研究的學者應克服急著蒐集資料的傾向，或是遲遲不蒐集資料的傾向。前者是很多人的通病，以為實務是最好的良師，甚至可以取代好的理論；經常的時候，研究者蒐集了一大堆資料，卻遲遲不分析。Yin 告訴我們，資料的蒐集和分析是互相關連的，分析的結果決定了進一步蒐集資料的方向，遲遲不分析的結果是浪費了許

多寶貴時間在蒐集不是很必要的資料，更嚴重的是，受限於時間，真正重要的資料只有在最後的分析做完後才發現尚付闕如，但一切已經來不及補救了。對初學者還有一普遍的問題，遲遲不展開蒐集資料，也許足夠的個案研究訓練及準備，是克服此一難題的第一步吧。

　　很高興看到東吳大學企業管理系的陳禹辰教授和尚榮安教授，能在教學研究的百忙當中，率先將此一重要著作中譯，嘉惠更多學子。預祝有更多的年輕學者經由研讀此書而認識到此一方法的重要性及研究機會。

政治大學商學院
資訊管理系
李昌雄謹識
2001 年 2 月 12 日

前言

在社會科學方法中，個案研究長期以來都給人一種：「它是其中較弱的一員」的刻板印象。從事個案研究的研究者被認為脫離了學術的正軌，而他們的研究則被認為精確（也就是量化）、嚴密、及客觀性都有所不足。

儘管有這種印象，社會科學研究中仍舊廣泛地使用個案研究，其中包括了傳統的學科（心裡學、社會學、政治學、人類學、歷史學以及經濟學等），也包括了實務導向的領域，如都市計畫、公共行政、公共政策、管理科學、社會工作以及教育。在這些學科及問題領域中，這也是博碩士論文研究中常用的方法。此外，個案研究甚至在評鑑研究中也越來越常見，這原來預期應該是屬於一些如問卷調查、或準實驗研究等其他方法的範圍。這些事實都指出了一項令人注意的矛盾：如果個案研究有嚴重的缺點，為什麼研究者仍舊要使用它？

其中一個解釋，是認為有一些人就是不知道有任何其他更好的方法，而且也沒有受過使用其他方法的訓練。雖然如此，仔細的翻閱本書中用來作為說明範例的個案研究，就會看到其中有一群傑出的學者，甚至有一些在他們的專業領域中被認為是領袖（見內文中標號的方框部分，參考資料中也列出了完整的參考書目資訊）。另一個最近

較沒有爭議的解釋，是美國聯邦機構因為問卷和調查這些方法所需要的程序很清楚，因此認為這些是會有害官僚體制的事件，並因而偏好個案研究方法。雖然如此，聯邦贊助的研究無法支配社會科學，當然更不要說是歐洲或其他國家的研究，而聯邦政府規定的類別，並不能解釋社會科學中所使用方法論的廣泛類型。

相反地，這本書提出了第三個論點，也就是認為對個案研究的刻板印象可能是錯的。根據這個論點，這個方法持續的被使用有可能是因為我們誤解了他的優缺點，因此需要一個不同觀點。這本書就試著將個案研究作為一種研究的工具，並和其他的用法分離，來發展這種觀點，這些用法包括了（a）個案研究作為教學工具、（b）民族誌學和參與觀察，以及（c）「質化」的方法。雖然可能跟最後兩項有一些重疊，但個案研究的本質是超出了所有的這些用法之外。因此，真正區別個案研究方法的特徵，會出現在研究不同階段之中，包括問題定義、設計、資料收集、資料分析、以及撰寫和報告，這也是本書各章的主題。

這本書的目標，是要引導那些想要進行個案研究，並且將個案研究視為一種嚴謹的研究方法的研究者和學生。這本書的獨特之處，在於更重視個案研究的設計和分析，而非傳統所強調的個案研究資料收集的議題。前者在現有的社會科學教科書中很少受到注意，但卻會對進行個案研究帶來很大的問題。這本書的的另一項特點，是引用了在不同領域中，許多廣為人知的個案研究，這些研究在內文中都個別描述作為說明的案例（見內文中的方框）。最

後，這本書的特點也在於他已經開始通過了時間的考驗，本書的第一版（1984）已經印行了 8 次，而修訂版（1989）又另外發行了 16 次。

這本書中的想法，是來自於我自己過去二十年來的研究經驗、在麻省理工學院教了五年、以及在 American University 中教了三年的個案研究方法課程、還有與許多對個案研究有興趣的學者的討論。這些學者包括了當時在 Brookings Institution 的 Herbert Kaufman、史丹福大學的 Alexander George、麻省理工學院的 Lawrence Susskind、政策研究中心的 Matthew Miles、當時在麻薩諸塞大學的 Karen Seashore Louis、當時在國家心智健康學院（National Institute of Mental Health）的 Elliot Liebow、以及哈佛大學的 Carol Weiss 等。最近我並有榮幸能在丹麥的 Aarhus School of Business 的贊助下舉行研討會（和 Erik Maaloe, Finn Borum, 以及 Erik Albaek 等教授共同主持）。這些以及那些在 RAND Corporation（1970 到 1980）和 COSMOS Corporation（1980 至今）的同事，提供了持續的刺激、辯論，幫助我清楚地說明本書中所討論的個案研究法中的各個不同面向。

有兩個匿名的評論者，對本書第一版初稿提出相當有幫助的評論。這本書的所有三個版本（1984，1989，和目前的版本），都受益於 Leonard Bickman、Debra Rog（這套叢書的主編）、C. Deborah Laughton、以及 Sage 出版社的傑出員工，持續和周到的關照。他們詳細的照料、由衷的支持、以及定期的提醒，這些都使得作者希望能完成這本

書，並繼續人生中下一個挑戰。雖然如此，就如同之前的版本一樣，本書第二版的責任仍是由我獨自負責的。

　　當然，任何人關於個案研究的想法，或者更一般性的說關於社會科學方法的想法，都一定有更深厚的根基。而我的想法則可追溯到我在兩個領域中的訓練：在大學時的歷史學，以及研究所時的實驗心裡學。歷史研究和史料編纂法（historiography）首先引起我意識到在社會科學中方法論的重要性。而後我在麻省理工學院所學到的獨特實驗心理學，則讓我瞭解實徵研究只有伴隨著邏輯的思考，而不是當作一種機械式的工作時，才會有真正的進步。這個教訓後來轉變成為個案研究方法的基本論點。因此，我要把這本書獻給在麻省理工學院給我這方面最好的教導，並指導我完成關於臉孔辨識之博士論文的人，雖然他可能只勉強的認出他現在看到的成果，以及過去的相似處。

原書序

　　能爲這本好書寫序是我莫大的榮幸。這本書摘錄了一種嘗試著藉由在實驗室之外發生的事件，做有效推論的研究方法，在此同時，也保有與實驗室科學相同的目標：產生新知識。

　　我越來越確定一項結論，即科學方法的核心本質並不在於實驗，而是一種可稱爲**合理的對立假設**（*plausible rival hypotheses*）的策略。這個策略可能是由「證據」或「假說」開始其解答謎題的活動，而不是以實證主義者所謂「確認（confirmation）」的方法（或者甚至是後實證主義者的「證實（corroboration）」），用和背景無關的方式來呈現研究的假設及證據。在這種策略中，證據和假設是以一組廣泛的意涵網路來呈現（儘管這個網路可能是不完整的），對科學的評估而言，這種網路卻是極爲關鍵的。

　　這個策略包括了對於可利用的資料，明確的說明根據假設可以推論出哪些其他含意，並且指出假設的含意和資料是否相符合。這個策略也包含了對於所關注的證據，尋求對立的解釋，並且檢視它們的合理性。這些對立解釋的合理性通常會因爲「分歧廢除」（ramification extinction）而降低；分歧廢除指得是尋找這些解釋在其他的資料集中

的其他含意，並且檢查這些含意和資料相互一致的程度。這兩個可能永無止盡的工作究竟要進行到哪裡，係決定於當時的科學社群，以及研究者已經找出的對立假設及其含意。在這種基礎之上，成功的科學社群可以得到有效的共識和可以累積的成就，而無需徹底的證實理論。然而，這些「成功的科學」的特徵卻被邏輯實證論者完全忽略掉了，社會科學家也很少應用到這個策略，不論他用的是定量的或定性的方法。

利用「其他含意的檢查，以及對立假設的分歧廢除」的作法，也可以用來說明在人文學科中尋求效度（validity-seeking）研究的特徵，如 Schleiermacher, Dilthey, Hirst, Habermas 等詮釋（*hermeneutics*）學者和許多當代學者在詮釋古文本時的作法。同樣地，如同一個科學家應用此策略推論一項因果定律一樣，這個策略也可以用於歷史學家對特定事件的臆測。但是不幸的，在社會科學發展的主要趨向中，卻用**註釋學**這個名稱來暗示**放棄**效度這個目標，也放棄了爭論誰正確的達成效度的需求。因此，除了量化和 Yin 所教的準實驗個案研究法之外，社會科學方法論也需要一種：「追尋人文科學效度個案研究法」；這種方法並不使用量化資料或顯著性測試，但仍然能用於相同的問題，並且分享同樣的「追求知識」的目標。

社會科學家可以模仿實驗方法中的兩個典範，作爲這種「可能的對立假說」策略的不同版本。經由過去的訓練，一般人會傾向於先想到「隨機分配實驗處理」

（randomixed assignment to treatments）的模式，這個模式可能來自於農業的實驗站、心理學實驗室、醫學或藥學研究的隨機試驗、以及統計學家的數學模式等。隨機化的意義，是希望能控制無限多的「對立假說」，但卻**不需要詳細指明其中任何假說**。隨機的分配從來就無法完全地控制這些對立，但是經由統計模型之估計，研究者卻可描述這些對立假說的「不合理程度」。

　　另一個較古老的典範來自物理學實驗，這個典範可以以「實驗的隔離」（experimental isolation）或「實驗室控制」（laboratory control）來代表。因此會有絕緣隔熱或鉛版隔絕的牆；會控制壓力、溫度，以及濕度；以及會要達到真空狀態等這些情形。相對來說，這個較古老的傳統控制了很少但是明確而特定的對立假說。這種控制雖然並非完美，但是已經足夠來說明他們是不合理的。而要控制哪些對立假說，就決定於當時科學社群中出現的爭論。如果日後回顧時，很可能會發現還需要其他控制。

　　在此所呈現出個案研究方法，以及更廣義來說的準實驗法，會比較類似於「實驗的隔離」的典範，而不是「隨機分配實驗處理」模式，特別是每個對立的假設都要明確的指明，並且要特別加以控制。對戶外的社會科學來說，由於研究者削減對立假說的合理性的程度比較小，因此科學社群中可能得到的明確及共識程度通常也比較低。無法隨心所欲地重複同一研究（或有一些設計用來排除特定對立解釋的變異）是其中的一項問題，我們應該要充分地利用那些獨特事件的個案研究（這是不可能複製的），同時

也應該要時時注意那些可以重複進行同一個案研究的機會。

由於 Robert Yin 的背景（實驗心理學的博士，在那個領域中發表許多文章），他堅持個案研究的方法，要和科學的目標與方法一致，或許並不令人訝異。但是伴隨這種訓練和生涯的選擇而來的，通常是令人難以忍受的非實驗室環境中的模糊。我相信這種轉變是受到了他對於人類的表情，這種最難以具體確認的刺激之實驗室研究的影響，這個經驗使他察覺到了類型和情境在追尋知識中所扮演的決定性角色。

這個寶貴的背景並沒有阻止他徹底的投入傳統社會科學的個案研究中，並且逐漸成為一位非實驗室社會科學方法論的領導者。我不知道還有什麼教科書可以跟這本書相比，這本書滿足了多年來的需求，我確信它將會成為社會科學研究方法課程中的一本權威教材。

DONALD T. CAMPBELL

BETHLEHEM, PENNSYLVANIA

叢書總序

　　美國加州的 Sage 出版公司，對於社會科學研究者，應該都是耳熟能詳的。而對研究方法有興趣的學者，對它出版的兩套叢書，社會科學量化方法應用叢書（Series: Quantitative Applications in the Social Sciences），以及社會科學方法應用叢書（Applied Social Research Methods Series），都不會陌生。前者比較著重的是各種統計方法的引介，而後者則以不同類別的研究方法為介紹的重點。叢書中的每一單冊，大約都在一百頁上下。導論的課程之後，想再對研究方法或統計分析進一步鑽研的話，這兩套叢書，都是入手的好材料。二者都出版了六十餘和四十餘種，說明了它們存在的價值和受到歡迎的程度。

　　弘智文化事業有限公司與 Sage 出版公司洽商，取得了社會科學方法應用叢書的版權許可，有選擇並有系統的規劃翻譯書中的部分，以饗國內學界，是相當有意義的。而中央研究院調查研究工作室也很榮幸與弘智公司合作，在國立編譯館的贊助支持下，進行這套叢書的翻譯工作。

　　一般人日常最容易接觸到的社會研究方法，可能是問卷調查。有時候，可能是一位訪員登門拜訪，希望您回答

就一份蠻長的問卷；有時候則在路上被人攔下，請您就一份簡單的問卷回答其中的問題；有時則是一份問卷寄到府上，請您填完寄回；而目前更經常的是，一通電話到您府上，希望您撥出一點時間回答幾個問題。問卷調查極可能是運用最廣泛的研究方法，就有上述不同的方式的運用，而由於研究經費與目的的考量上，各方法都各具優劣之處，同時在問卷題目的設計，在訪問工作的執行，以及在抽樣上和分析上，都顯現各自應該注意的重點。這套叢書對問卷的設計和各種問卷訪問方法，都有專書討論。

問卷調查，固然是社會科學研究者快速取得大量資料最有效且最便利的方法，同時可以從這種資料，對社會現象進行整體的推估。但是問卷的問題與答案都是預先設定的，因著成本和時間的考慮，只能放進有限的問題，個別差異大的現象也不容易設計成標準化的問題，於是問卷調查對社會現象的剖析，並非無往不利。而其他各類的方法，都可能提供問卷調查所不能提供的訊息，有的社會學研究者，更偏好採用參與觀察、深度訪談、民族誌研究、焦點團體以及個案研究等。

再者，不同的社會情境，不論是家庭、醫療組織或制度、教育機構或是社區，在社會科學方法的運用上，社會科學研究者可能都有特別的因應方法與態度。另外，對各種社會方法的運用，在分析上、在研究的倫理上以及在與既有理論或文獻的結合上，都有著共同的問題。此一叢書對這些特定的方法，特定的情境，以及共通的課題，都提

供專書討論。在目前全世界，有關研究方法，涵蓋面如此全面而有系統的叢書，可能僅此一家。

　　弘智文化事業公司的李茂興先生與長期關注翻譯事業的余伯泉先生（任職於中央研究院民族學研究所），鑑於此套叢者對國內社會科學界一定有所助益，也想到可以與成立才四年的中央研究院調查研究工作室合作推動這翻譯計畫，便與工作室的第一任主任瞿海源教授討論，隨而與我們兩人治商，當時我們分別擔任調查研究工作室的主任與副主任。大家都認為這是值得進行的工作，尤其台灣目前社會科學研究方法的專業人才十分有限，國內學者合作撰述一系列方法上的專書，尚未到時候，引進這類國外出版有年的叢書，應可因應這方面的需求。

　　中央研究院調查研究工作室立的目標有三，第一是協助中研院同仁進行調查訪問的工作，第二是蒐集、整理國內問卷調查的原始資料，建立完整的電腦檔案，公開釋出讓學術界應用，第三進行研究方法的研究。由於參與這套叢書的翻譯，應有助於調查研究工作室在調查實務上的推動以及方法上的研究，於是向國立編譯館提出與弘智文化事業公司的翻譯合作案，並與李茂興先生共同邀約中央研究內外的學者參與，計畫三年內翻譯十八小書。目前第一期的六冊已經完成，其餘各冊亦已邀約適當學者進行中。

　　推動這工作的過程中，我們十分感謝瞿海源教授與余伯泉教授的發起與協助，國立編譯館的支持以及弘智公司與李茂興先生的密切合作。當然更感謝在百忙中仍願抽空

參與此項工作的學界同仁。目前齊力已轉往南華管理學院教育社會學研究所服務，但我們仍會共同關注此一叢書的推展。

章英華・齊力

于中央研究院

調查研究工作室

1998 年 8 月

譯序

　　這是一本介紹以個案研究作爲社會科學研究方法的書，書中提及的應用範圍，包括了社會學、政治學、管理學、公共政策、國際經濟、教育、評鑑、都市計畫、和社會工作等社會科學中不同的學域。長久以來，由於自然科學發展的成就，使得自然科學所採行的方法與規範逐漸成爲其他學域遵循的標準。在社會科學中，由於研究的對像和自然科學不同，這種以數量方法爲主的實證主義觀點受到很多批評，學者也紛紛提出許多通稱爲質化(或定性)研究的不同方法，希望能補單一方法與觀點之不足。

　　但如果檢視目前相關學域中的研究，仍會發覺是以實證的數量方法爲主，在國內這個情形可能又較國外更爲嚴重。研究者不熟悉如何操作、評估這些不同的方法，可能是造成這種結果的原因之一。換言之，對上述這許多不同學域中的研究者而言，這些方法的進入障礙相當高。首先，許多不同的質化研究方法，在基本的本體論、認識論、與方法論上，都有不同的假設，研究者如果沒有足夠的方法論上的訓練，自不易理解其意義，更不要說是實際的應用了。其次，許多這類質化研究方法，都強調研究的議題在研究過程中逐漸浮現，因此除了方法論外，主要強調資料收集的活動，而忽略了研究設計的問題，對於較缺少經驗

的研究人員來說，大多會有不知從何著手進行的困擾。

　　這本個案研究方法正彌補了這些問題。首先，這套方法還是以實證主義的觀點爲基礎，作者以排除對立假說、實驗的複現邏輯等概念，詮釋個案研究的目的，只要是受過基本實證研究訓練的研究者，都可以瞭解其意義。其次，本書相當強調研究設計、資料分析、及研究的效度與信度等問題，也提出了具體實施的方式與評估的準則，書中並舉了許多實際的研究案例來說明。對於上述這些社會科學不同學域中，受過實證研究訓練的研究者而言，這本個案研究不但提供了一套有效，可以實際採行的研究方法，而且也可以作爲進一步接觸其他質化研究的起點。

　　事實上，這本個案研究方法不止對研究者以及閱讀研究報告的人有價值。在強調知識經濟的時代，知識的創造並不只是專業研究者的工作，而已經成爲每個組織，甚至每個人工作中重要的活動。很少人會有需要進行像問卷調查這類研究活動，但幾乎所有人都會嘗試希望能從個別的案例中，推論出普遍性的結果，並能進一步能向其他人說明，而這正是本書所探討的主題。相信這本書對對每一個想要從工作的經驗中創造知識，以及需要評估他人之見解的人，都會有所幫助。閱讀這本書並不需要很豐富的理論基礎，說明簡單易讀正是本書的特色之一。當然，如果讀者對社會科學理論有基本的認識，會有助於理解本書的內容。

　　感謝陳禹辰教授費心審閱譯文初稿，提供了許多寶貴的建議。也要感謝弘智出版社李茂興先生及同仁們費心安

排，促成這本中譯本誕生。翻譯一本書是件無止境的工作。我翻譯這本書，花了約九個月的時間，雖然譯文中許多地方仍有待改善，但到最後還是要選擇一個時間交稿脫手。特別是本書作者所引用的範例與說明，範圍相當廣泛，限於個人學識，翻譯時對各領域中習慣的表達方式，可能無法確實掌握。倉促之間，若有疏漏，還希望讀者們能不吝指正。

尚榮安 謹識
於東吳大學企管系
民國 90 年 1 月

目錄

1

導論

　　個案研究是進行社會科學研究的方法之一，其他的方法還包括實驗調查法、調查報告、歷史研究法、以及檔案紀錄分析（如在經濟研究方面）等。每個研究策略都有其獨具的優點及缺點，研究方法的選擇需視以下三種情形而定：(1)研究問題的類型；(2)研究者在實際事件上所做的操控；以及(3)研究重點在當代的或歷史的現象。

　　一般而言，在提出「如何」和「為什麼」的問題、研究者對於事件只有少數的操控權、或研究的重點是當時在真實生活背景中所發生的現象時，個案研究是較常採用的策略。這種「解釋性」的個案研究，也可以用另外兩種「探索性」以及「描述性」的個案研究來補強。不論是哪種類型的個案研究，研究者在設計和進行個案研究時都必須非常小心，以克服這種方法傳統以來所受到的批評。

個案研究做為研究的策略

這本書是有關於為了研究的目的所做的個案研究之設計與執行。個案研究在很多情況中都被用來做為一種研究策略，包括：

- 政策、政治科學、以及公共行政研究；
- 社群心理學和社會學；
- 組織與管理的研究；
- 城市和區域規劃研究，如方案、鄰里、或是公共機構的研究；
- 在某些社會科學中所進行的碩、博士論文研究─如在企業管理、管理科學、或社會工作等學術或專業的領域。

這本書說明了與其他類型的研究策略比較下，**個案研究**所獨具的特徵。很重要的是本書也探討了研究設計、分析、和發表研究成果等關鍵主題─而不僅只包括資料蒐集和田野調查這些較傳統的重點上。

本書的目標是要幫助研究者處理一些較困難的問題，這些問題在可以買得到的研究法教科書中普遍都是被忽略掉的。例如作者常常遇到學生或同事問到類似以下的問題：(1)如何界定正在研究的個案；(2)如何決定要收集哪些相關的資料；或是(3)收集後的資料應該要怎樣處理，希望這本書能夠回答這些問題。

2

不過這本書並沒有涵蓋個案研究所有的用途。例如它並不打算要幫助那些可能用個案研究來作教學工具的人，這種方法在法律、企業管理、醫學、或公共政策的領域中經常可見（見 Llewellyn, 1948; Stein, 1952; Towl, 1969; Windsor & Greanias, 1983），事實上現在包括自然科學的每個學術領域中也都很盛行個案教學。就教學的目的而言，一份個案研究並不需要包含真實事件完整的或確實的解釋，更確切地說，它的目的是要提供學生間一個討論和辯論的架構。因應教學目的所發展的個案通常是單一（single-）個案，而非多重個案（multiple-case）；好的教學個案的標準與研究目的個案的標準有很大的不同（如，Caulley & Dowdy, 1987）。教學個案不需要考慮實徵資料表達的精確以及誠實度；但這正是研究用個案的要求。

　　同樣地，這本書也不打算涵蓋那些用來做為保存紀錄之型式的個案。像是醫藥紀錄，社會工作檔案，還有其他類型的個案紀錄，都是用來幫助如醫學、法律、或社會工作等某些工作的進行。同樣的，因應前述工作之目的所發展的好個案的標準，又跟那些因應研究之目的所設計的個案研究不一樣。

　　相對之下，寫這本書的原因是因為把個案研究作為研究工具有逐漸增加的趨勢（如：Hamel, 1992; Perry & Kraemer, 1986），不論你是經驗豐富或是剛起步的社會科學家都應該會想知道，要怎樣來設計和執行單一或多重個案研究，以探索你所研究的主題。這本書的重點在設計和分析個案研究的相關問題上，而不僅僅是指導如何收集個

案研究的證據。就這個意義來說，這本書填補了目前在教科書中以「田野方法」（field methods）為主的社會科學方法論中的一處空白，後者對如何開始個案研究，如何分析資料，甚至如何減少個案研究報告撰寫過程中的問題僅提出少數指導。這本書涵蓋了所有設計、資料收集、分析、和發表的階段。

以個案研究法進行研究，對個人、組織、社會或政治等現象的知識，都有許多獨特的貢獻。因此個案研究在心理學、社會學、政治科學、企業經營、社會工作和規劃學上，已經是個很普遍的研究策略，這並不令人訝異（Yin, 1983）。甚至在經濟學中亦可發現可以應用個案研究法，來探討一個特定產業的結構、或是一個城市或區域的經濟情形。在這些情況中，對個案研究的需求源自於了解複雜社會現象的渴望。簡而言之，個案研究使得一個研究工作可以保留實際生活事件的整體性和有意義的特徵：如個人的生活週期、組織和管理的過程、鄰里的改變、國際關係、和產業的成熟化。

3

個案研究和其他研究策略的比較

什麼時候你研究的某些主題會想用個案研究方法？為什麼？你是否應該考慮用實驗法來替代嗎？或是用樣本調查來代替？一段歷史研究？甚至對像學生紀錄這樣的檔案

紀錄進行電腦分析？

　　類似這樣的選擇顯現出不同的研究策略（不過以下的討論只著重在五種選擇上，而且並不打算把它們通通記載下來）。每一種策略都是根據其本身的邏輯性，來收集和分析實徵證據的不同方法。而且每一個策略都有它自己的優點和缺點。要能發揮使用個案研究策略的優點，你必須要知道這些差異是什麼。

　　不同的研究策略應該要階段性地應用，是一個普遍存在的迷思。有些人要我們要相信個案研究很合適探索階段的研究，調查研究和歷史研究法合適描述階段，而實驗法則是進行解釋性或是因果探究的唯一方法。階段性的觀點增強了個案研究只是一種探索工具，而且不能用來描述或測試命題的想法（Platt, 1992a）。

　　然而這種階段性的觀點並不正確。有探索動機的實驗法一定永遠都會存在。除此之外，由史料編纂這個副領域的發展可以看得出來，建立因果解釋長久以來都是歷史學家的關心重要事項。最後，個案研究絕對不僅僅是一種探索性的策略。有一些最好的跟最有名的個案研究，兼具描述性（如 Whyte's *Street Corner Society*, 1943/1855；見方框一）跟解釋性（如 Allison's *Essence of Decision: Explaining the Cuban Missile Crisis*, 1971；見方框二）的功能。

William F. Whyte 所著的《街角社會》（*Street Corner Society*）（1943/1955），數十年來在社群社會學中都是被推薦閱讀的著作。這本書是描述性個案研究的一個經典例子，它追溯在一段時間中人際間發生的一串事件，描述很少成為先前研究主題的一種次文化，並發現了一些關鍵的現象：如低收入的年輕人職位的升遷和他們打破鄰里束縛的能力（或是沒有能力）。

這個研究已經受到了高度的注意，儘管它是個單一個案研究，僅涵蓋一個鄰里（Cornerville），而且已經是跟現在比起來五十年前的一段時間的個案。很矛盾的，這本書的價值是它在個人表現，群體結構，和鄰里的社會結構等議題上所展現的一般化的能力。後來的研究者即使是在不同的鄰里，不同的時代所做的研究，也重複地在研究中找到 Cornerville 發現的現象。

對這些不同的策略更恰當的觀點是多元化的。每個策略都可以用在所有這三個目的：探索的，描述的，或是解釋的。因此就可以有探索性的個案研究，描述性的個案研究，或是解釋性的個案研究（Yin, 1981a, 1981b）。也可以有探索性的實驗研究法，描述性的實驗研究法，或是解釋性的實驗研究法。區分這些策略的並不是階段性，而是以下所要探討的三種條件。不過，這並不是暗示每種策略之間的分界線，或是使用不同策略的機會都是清楚而明顯的。即使是每個策略本身都有明顯的特徵，它們之間還是

4

有很大範圍的重疊區域（如：Sieber, 1973）。我們的目的是要避免嚴重不適合的問題：也就是說在你想要用某一個研究策略時，其實另外一個才是真的會比較有益的。

方框二
解釋性個案研究

即使是單一個案研究，也經常可以達成解釋性的目的，而不單單是探索性（或描述性）的。分析者的目標應該是要對同一組事件提出一些相互競爭的解釋，並且指出在其他狀況中要如何應用這樣的解釋。

在 Graham Allison 的《決策的要素：解釋古巴飛彈危機》（ *Essence of Decision: Explaining the Cuban Missile Crisis* ）（1971）中就採用了這個策略。這個單一個案是美國和蘇聯對於在古巴境內配置攻擊性飛彈的對峙。Allison 假定了三個對立的理論和模型來解釋這個事件，其中包括了對以下三個關鍵問題的答案：為什麼蘇聯要在古巴放置攻擊性飛彈（而不單單是防禦性的）？為什麼美國用封鎖（不是空中襲擊，也不是侵入）的方法來回應飛彈部署的問題，以及為什麼蘇聯最後撤回飛彈？Allison 比較了不同的理論和實際事件的經過，而為這類危機發展了最好的解釋。

Allison 認為這種解釋也可以適合於其他狀況，因此擴展了他的單一個案研究的用處。Allison 也簡單的引用了美國在越南的涉入，核子對峙等案例，以及國家間終止戰爭等其他的情境，來說明其理論在不同狀況也可以提供有用的解釋。

每個策略使用的時機

上述的三個條件包括了(1)所提出研究問題的類型；(2)研究者在實際行為的事件上擁有的操控程度；以及(3)著重在當時的現象而非歷史現象的程度。表 1-1 說明了這三種條件，並顯示出這些條件跟社會科學的五個主要研究策略有什麼關聯，這五個策略包括了實驗法、調查研究、檔案記錄分析、史研究法、以及個案研究。以下將討論這三個條件在區分這五種不同策略上的重要性。

研究問題的類型（表 1-1，第一欄）：第一種條件涵蓋了你的研究問題（Hedrick, Bickman, & Rog, 1993）。我們常見的問句形式就是一個基本的問題分類架構，包括「什麼人」（who），「是什麼」（what），「在哪裡」（where），「如何」（how），以及「為什麼」（why）等。

如果研究問題主要是著重在「是什麼」的問題上，就有兩種可能的情形會出現。第一，一些「是什麼」類型的問題是探索性的，就像：「什麼方法能使學校有效率？」這類問題在進行探索性的研究上有合理的原因，其目標是要為進一步的研究發展適切的假說跟命題。然而，這五個研究策略中的任何一個都可以在這種探索性的研究中使用：例如，探索性的調查研究、探索性的實驗法、或是探索性的個案研究。第二種「是什麼」類型的問題，實際上是一種「有多少」（how many or how much）之探究的形式：例如，「一項特定的管理組織重組活動之結果是什

麼？」和其他策略比起來，調查研究跟檔案記錄的策略在確認這項結果時可能是比較受到研究者偏好的方法。例如，研究者可以很快地設計調查研究來舉出「有哪些」（whats），而個案研究法卻可能不是個有益的策略。

策略	研究問題的形式	需要在行為事件上操控嗎？	是否著重在當時的事件上？
實驗法	如何，為什麼	是	是
調查研究	什麼人，是什麼,在哪裡,有多少	否	是
檔案記錄分析	什麼人,是什麼,在哪裡,有多少	否	是/否
歷史研究法	如何，為什麼	否	否
個案研究法	如何，為什麼	否	是

表 1-1 不同研究策略的相關狀況

資料來源: COSMOS Corporation.

同樣地，就像「是什麼」問題的第二類型，「什麼人」跟「在哪裡」的問題或是它們衍生的「有多少」的問題，可能會較偏好調查研究、或是檔案記錄的分析的策略，就像在經濟研究上一樣。當研究的目標是要敘述一個現象的傳播或影響範圍、或是要預測某些特定結果時，使用這些策略是有益的。政治上常見的態度調查（在這裡，調查研究或投票可能會是較好的策略），或是像愛滋病這種疾病的散播（在這裡，健康統計資料的分析可能會是較好的策略）可以做為典型的範例。

相較之下，「如何」跟「為什麼」的問題是比較解釋

6

性的，而且可能使得個案研究法、歷史研究法、和實驗調查法成為較讓人偏好的研究策略。這是因為這些問題需要追溯一段時期的操作上的聯結，而不能僅僅靠發生的頻率和範圍來處理。因此，如果你想要知道一個社區如何成功地反對一條已經計畫好的公路（見 Lupo 等人，1971），你可能比較不能依賴調查報告或是檔案記錄的檢查，利用進行歷史研究法或個案研究法可能會較好。同樣地，如果你想知道為什麼旁觀者在特定情況下不會報告緊急情況，你可以設計並執行一系列的實驗研究（見 Latane & Darley, 1969）。

7　　讓我們再多看兩個例子。如果你在研究「什麼人」參與暴亂以及造成了「多少」的災害，你可能要向居民做調查、檢查商業記錄（一種檔案記錄的分析）、或是進行暴亂地區的「windshield survey」。相較之下，如果你想知道「為什麼」暴亂會發生，你可能就必須要找出較大量的文件資料並進行訪談；如果你是著重在一個城市以上的「為什麼」問題上，你可能就要進行多重個案研究了。

同樣地，如果你想知道新的政府計劃的結果「是什麼」，你可以進行調查研究或檢查經濟商業的資料來回答這個常被提出的問題，用什麼方法就看計劃的類型是什麼來決定。因此，像以下這些問題：這個計劃服務多少客戶？得到什麼樣的利益？不同的利益是否會經常出現？這些問題都不用進行個案研究就可以回答的。但是如果你需要知道這個計劃「如何」和「為什麼」有用（或沒有用），你就要傾向採用個案研究法或是田野實驗了。

「如何」和「為什麼」的問題還有些衝突需要再釐清。要研究比爾・柯林頓（Bill Clinton）「如何」和「為什麼」會在 1992 年當選，用調查研究或個案研究法都可以。調查報告可以檢視投票型態，顯示出投票給 Ross Perot 大量地拉走原本布希總統的支持者，這個足以解釋如何和為什麼的問題。另一方面，個案研究法可以檢查柯林頓如何在政黨中從事他的競選活動，來達成必要的提名並操作公共意見。這個研究也可能包括了美國經濟衰退，而產生拒絕支持 Bush-Quayle 的票源，這個這個對柯林頓有潛在幫助的角色。這個也是滿足「如何」和「為什麼」問題的一個可接受的方法，不過會跟調查報告的研究不同。

　　總而言之，分別不同的研究策略時，第一個也是最重要的一個條件就是所提出問題的類型。一般而言，「是什麼」的問題可能是探索性的（在此狀況下，任何策略都能使用）或是跟流行有關的（此時調查報告或檔案記錄的分析應該會有用）。「如何」跟「為什麼」的問題則可能比較偏好使用個案研究法、實驗調查法，或歷史研究。

　　在研究中最重要的步驟大概就是定義研究問題，所以對這個工作應該要有耐心跟足夠的時間。定義研究問題的主要關鍵是要了解研究的問題都有其**本質**（例如，我的研究跟什麼有關？）及其**形式**（例如，我所問的是「什麼人」，「是什麼」，「在哪裡」，「如何」，以及「為什麼」這樣的問題嗎？）其他研究者著重在一些與實質有關的關鍵主題上（見 Campbell, Draft, & Hulin, 1982）。前面

8

討論的是重點則是問題的形式提供了關於決定合適的研究策略之重要線索。但同時請讀者記住，在不同的策略中還有很大範圍重疊的部分；因此，對一些問題而言，需要在合適策略中作選擇的可能性仍是存在的。最後特別要注意的是，你可能會有易於採用某些策略而忽略了研究問題的傾向，如果是這樣的話，一定要確定設計出最能配合你想要採用之研究策略的研究問題形式。

在行為事件上所能操控的程度（表 1-1，第二欄）和著重在當時的而非歷史現象的程度（表 1-1，第三欄）假設研究的重點是「如何」和「為什麼」的問題，在歷史研究法、個案研究法、和實驗法之間更進一層的差異是研究者操控和接觸實際行為事件的程度。在研究者無法接觸或操控時，歷史研究法是較常選用的策略。因此，歷史方法的特殊貢獻是在於處理「無效的」（dead）的過去，也就是當沒有活著的人可以報導甚至追溯的時候，研究者必須要倚賴原始文件、次級文件、以及文化與實體人造物做為證據的主要來源，來研究發生了什麼事，是什麼時間發生的等問題。當然，歷史研究也可用來研究當時發生的事件，此時歷史研究法和個案研究中間就產生了重疊。

個案研究法在檢視當時的事件，而且相關行為無法操弄時較受偏好。個案研究法像歷史研究法一樣，兩者倚賴很多相同的技巧。不過，它加入了歷史學家的技能中不常包含的兩種證據的來源：直接觀察和有系統的訪談。此外，雖然個案研究法跟歷史研究法會重疊，個案研究法特有的長處是它處理不同種類證據的能力：文件、人造物、

訪談、以及觀察，超出了一般的歷史研究法中的範圍。更甚者，在如參與觀察（participant-observation）的某些狀況中，也可以發現非正式的操弄。

　　最後，實驗研究是在研究者可以直接、準確、有系統地操弄行為的時候所用的方法。在實驗室中，一個實驗可能著重在一個或兩個獨立的變項（先假設實驗室環境可「控制」所有其他變項）；實驗也可以在實際的場所中進行，**社會實驗**（*social experiment*）這個名詞就是用來涵蓋研究者用不同方法「對待」（treat）一群人的研究，例如給與他們各種不同的證書（Boruch, forthcoming）。同樣的，方法又重疊了。實驗科學也包括了一些實驗者無法操弄行為，但是仍然可以應用實驗設計之邏輯的情境（見 Blalock, 1961; Campbell & Stanley, 1996; Cook & Campbell, 1979），這些情形普遍被稱為是「準實驗的」（quasi-experimental）情境。準實驗的取向甚至可以用在歷史背景中，例如研究者可能對於研究種族暴亂或執行私刑感興趣（見 Spilerman, 1971），並且因為沒有可能操控行為的事件而需採用準實驗的設計。

　　總結　我們可以確認在某些情境中可能所有的研究策略都會有關係（如探索性研究），也有一些情境中可能有兩種策略會同樣吸引人（如柯林頓如何跟為什麼獲選）。我們也可以在任何指定的研究中，使用一個以上的策略（例如，個案研究法中的調查報告，或是調查研究中的個案法）。由此看來，不同的策略並不是互斥的。不過我們也可以確認在一些情境中，特定的策略有其獨具的優點。

對**個案研究法**而言，這個情境是當

- 要回答「如何」和「為什麼」的問題，而且研究
  者對於一組當時的事件沒有或只有極少的操弄
  時。

　　研究者需要相當多的準備才能決定對一個主題來說最
有意義的問題，並且很精確的陳述這些問題。回顧這個主
題的文獻是一個常用的方法（Cooper, 1984）。因此，這
種文獻回顧只是達到該目的的一種方法，而非很多學生所
想像的，本身就是最後的目的。新起步的研究者會認為文
獻回顧的目的是要決定有關這個主題過去知道哪些**答案**；
相對之下，經驗豐富研究者的回顧文獻，是用來發展更犀
利、更具洞察力的**問題**。

對個案研究策略的傳統偏見

　　雖然個案研究法是實徵探究（empirical inquiry）的一
種特殊形式，很多研究者仍然不屑這種策略。換句話說，
同樣是在作研究，跟實驗法或調查研究比起來，個案研究
法卻被視為是較不令人滿意的探究方式。為什麼會這樣
呢？

　　也許最大的考量是個案研究整體來講，較缺少嚴密
性。個案研究者常常都會因為懶散，而讓模稜兩可的證據
或是具有偏見的觀點影響了發現跟結論的方向。

10　　另一種可能是許多人把個案教學跟個案研究的研究法

混淆了。在教學上可以慎重地修改個案的材料，以求更有效地說明特殊觀點。但在研究法上，任何這樣的步驟都是嚴格禁止的。每個個案研究的研究者，都應該努力地公正描述所有的證據，而這本書將會幫助他或她這樣做。許多人也常常忘了進行實驗研究或使用其他的研究策略時，也有可能產生偏見（見 Rosenthal, 1968），如設計調查研究的問卷（Sudman & Bradburn, 1982）、或是進行歷史研究（Gottschalk, 1968）。在不同研究策略中的問題並沒有什麼不同，只是在個案研究中可能會較常遇到，但卻不常被克服。

有關個案研究第二個常見的擔憂是，他們對科學的概化只能提供極少的基礎。我們常聽到這樣的問題：「你如何從一個單一個案來做推論？」而問題的答案並不簡單（Kennedy, 1976）。我們可以先考慮一個同樣在實驗研究上也同樣會被問到的問題：「你如何從一個單一的實驗來做推論？」事實上，科學的事實很少只建立在單一的實驗上；通常是依據多組實驗，在各種不同狀況中重複了同樣的現象。同樣的方法再加上不同的研究設計概念，也可以用在多重個案研究中，這在第二章中會有詳細的討論。簡單來說，個案研究就像實驗法一樣，結果可以推論到理論的命題，而不是推論到母體或全體。就這個意義而言，個案研究像實驗法一樣，並不是在呈現「樣本」（sample），研究者的目的是要擴展跟推論理論（分析式概化）（analytic generalization），而不是把頻率計算出來（統計式概化）（statistical generalization）。或是說像三

位著名的社會科學家在他們的單一個案研究中所描述的，目標是要做「概括性」（generalizing）而不是「特殊性」（particularizing）的分析（Lipset, Trow, & Coleman, 1956, pp.419-420）。

第三個對於個案研究常見的抱怨是花的時間太久，並且會產生大量且讓人沒有興趣讀的文件。這個抱怨很可能真實的指出在過去個案研究進行的方式（如：Feagin, Orum, & Sjoberg, 1991），不過，這並不一定是個案研究在未來也必然會進行的方式。在第六章中討論撰寫個案研究報告的一些不同方法：許多方法都可以避開傳統的、漫長的敘事體裁。個案研究也不一定需要花很長的時間，這種看法把個案研究和某些如民族誌學（ethnography）、或參與觀察（participant-observation）等蒐集資料的特定方法混淆了。民族誌學通常需要長期的「田野調查」，並且強調詳細的、觀察而來的證據。參與觀察可能並不需要同樣久的時間，不過投注在田野上的努力仍舊是很重的。相對地，個案研究是一種探究的方法，這種方法並不僅僅倚賴民族誌學或是參與觀察的資料，研究者甚至不用離開圖書館跟電話，也能夠進行一個有效且高品質的研究，這主要決定在研究的主題。

如同以上所說的，儘管事實是吾人可以緩和前述的各種常見的憂慮，但這些教訓仍然指出好的個案研究是很難做的。問題是，我們幾乎沒有方法可以用來審查或測試研究者做好個案研究的能力。人們在他們不會玩音樂的時候自己會知道，在他們不會做數學的時候也會知道；而且他

11

們的其他技能也可以被測試，例如在法律中的裁判考試。但是做好的個案研究的技術到目前爲止還沒有定義出來，因此造成了以下的結果：

> 大多數人認爲他們可以準備進行個案研究，而幾乎所有人都相信我們可以了解個案研究。但由於這兩個觀點都無法成立，也使得個案研究得到了太多不應該得到的認可。（Hoaglin, Light, Mcpeek, Mosteller, & Stoto, 1982, p.134）

這段話是引述自由五個重要的**統計學家**所寫的一本書。令人訝異的是，即使他們來自另外一個領域，他們也承認一個好的個案研究是種挑戰。

個案研究的不同類型，以及一個共同的定義

討論進行到這裡，還沒有對個案研究下一個正式的定義。此外，我們也還沒有回答一些個案研究常被問到的問題。例如，在同一個研究中有超過一個以上的個案時，那它還算個案研究嗎？個案研究中不用量化的證據嗎？可以用個案研究來做評鑑嗎？個案研究是否包含新聞工作的報導？現在就讓我們來嘗試定義個案研究策略，並回答這些問題。

個案研究作爲一種研究策略的定義

個案研究最常見到的定義，只是在重複應用個案研究方法所探究之主題的類型。例如，一個觀察者這樣說：

> 個案研究的本質，在所有個案研究類型中的主要傾向，是它試著闡明一個或一組**決策**：爲什麼他們會被採用、如何來執行、以及會有什麼樣的結果（Schramm, 1971，**重點**爲本書所附加的）。

這個定義因此提出了「決策」這個主題，認爲是個案研究的主要重點。同樣地，也有人列出了其他的主題，包括「個人」、「組織」、「過程」、「計劃」、「鄰里」、「機構」、甚至「事件」。然而，靠著引出主題來建立我們所需要的定義一定是不夠的。

換句話說，大部分的社會科學教科書，一點都不認爲個案研究是個正式的研究策略（主要的例外是哈佛大學的五個統計學家，Hoaglin 等人所寫的那本書，1982）。就像前面所討論的，有一個常見的缺點是把個案研究當做是其他某些研究策略的探索階段，而個案研究本身在教科書中也只有提到一、兩行。

另一種常見的缺點是混淆了個案研究跟民族誌學（Fetterman, 1989），或是參與觀察（Jorgensen, 1989），以致於教科書對於個案研究的討論，事實上不是把它描述成民族誌學的方法，就是將它描述成參與觀察的資料蒐集

技巧。事實上，在最受歡迎的當代教科書中（如 Kidder & Judd, 1986; Nachmias & Nachmias, 1992），仍然只當「田野調查」是一種資料收集技巧，而且也省略掉個案研究進一步的討論。

　　Jennifer Platt（1992a）以美國在方法論思潮時期，個案研究歷史的觀點，解釋了學者如此對待個案研究的原因。她追溯實際應用個案研究的歷史，回到了建構生活歷史、芝加哥學派社會學的做法、以及社會工作中的個案等應用。然後她呈現了「參與觀察」如何逐漸成爲一種收集資料技術，並使得以個案研究作爲一種特殊的研究策略之進一步的定義停了下來。最後，她解釋了這本書的初版（1984）如何明確地把個案研究從進行參與觀察（或是任何種類的田野研究）有限的觀點中分離出來。用她的話來說，個案研究以一種「設計的邏輯」開始的，亦即「…較偏好的研究策略要考量情境跟研究問題是否合適，而非不管在什麼情境，都要遵循對意識型態的承諾」（Platt, 1992a, p. 46）。

　　而這個設計的邏輯又是什麼呢？在技術上的關鍵特徵在這本書的初版發行之前（Yin, 1981a, 1981b）就已經發展出來了，不過現在可以用兩種方法再說一遍。第一，技術的定義以個案研究的範圍開始：

1、個案研究是一種實徵探究（empirical inquiry），是　13

- 在真實的背景下，研究當時的現象，特別是在
- 現象跟背景間的界線不是非常清楚的時候。

換句話說，你可能會因為慎重地想要包含情境中的條件，並相信這些條件可能跟你要研究的現象有很大的關連而使用個案研究。因此我們的設計邏輯的第一部分，藉著持續不斷地區分個案研究以及其他已經討論過的研究策略，幫助我們了解個案研究。

　　例如，一個實驗會慎重地把一個現象從它的背景中分離出來，所以注意力可以只放在一些變項上（通常背景是由實驗室環境所操控）。相較之下，歷史研究法所處理的是現象跟背景之間糾纏的狀況，不過通常都是非當時的事件。最後，調查研究可以試著去處理現象跟背景，不過他們研究背景的能力是非常有限的。例如，調查研究的設計者常常會在要限制所分析的變項數目（也就是可以問的問題數目）上持續的掙扎，以求調查的受測者數目能夠落在安全的區域。

　　第二，因為現象和背景在實際生活的情境中並不總是可以區分的，因此包括蒐集資料和資料分析策略的整組其他技術上的特徵，現在也變成我們技術上定義的第二部分了：

2、個案研究探究

- 處理技術上特殊的情境，在此情境中，我們所關心的變項會比資料點還多。因此，
- 倚賴多重證據的來源，不同資料需能在三角檢定（triangulation）的方式下收歛並達成相同結論；此外

- 得益於事先發展（prior development）之理論的命題，以引導資料的蒐集和分析。

換句話說，做為一種研究策略，個案研究是由一種非常完整（all-encompassing method）的研究方法，其中包含了設計的邏輯以及特定的資料蒐集與分析的方法。這個意思是說，個案研究並不是一種收集資料的做法，也不僅只是一種設計特徵，而是一種週延而完整的研究策略。[1]這本書的主題就是如何定義並實施這個策略。

其他一些個案研究策略的特徵在定義上並不重要，不 **14** 過可以被視為是個案研究策略的一些變化，也對一些常見的問題提供了答案。

個案研究作為研究策略的變形

是的，個案研究可以包括單一和多重個案研究兩種。雖然在一些如政治科學或公共行政等領域，試著要明確的區分這兩個方法〔而且也已經使用 **比較個案研究法**（*comparative case method*）這個名詞做為多重個案研究的特殊形式；見 Agranoff & Radin, 1991; George, 1979; Lijphart, 1975〕，但事實上，單一和多重個案研究，只是個案研究設計的兩種變形（其餘說明見第二章）。

不但如此，沒錯，個案研究還可以包括，甚至是限制在量化的證據上。事實上，量化跟質化證據的差別並無法區分出不同的研究策略。要注意還有一些類似的例子，一

些實驗研究（如生理心理學中對知覺的研究），跟一些調查報告的問題（如回應的是類目而不是數值資料的研究），是倚賴質化而非量化上的證據。相反地，歷史研究法則可能包含大量的量化證據。

　　還有一點相關而且很重要的事需要注意，讀者不應該把個案研究策略跟「質化研究」給混淆了（見 Schwartz & Jacobs, 1979; Strauss & Corbin, 1990; Van Maanen, 1988; Van Massnen, Dabbs, & Faulkner, 1982）。有一些質化研究採用民族誌學的方法，並且試圖滿足兩個條件：(1)研究者對自然世界作接近且詳細的觀察，和(2)在理論模型上嘗試避免事前的約束（Jacob, 1987, 1989; Lincoln & Guba, 1986; Stake, 1983; Van Maanen 等人, 1982, p.16）。不過民族誌學的研究法，並不一定都是提出個案研究（例如，見 G. Jacobs, 1970 中的民族誌學法概要）；而個案研究也不侷限在這兩種條件中。相反的，個案研究可以混合任何量化和質化的證據為基礎，個案研究也不需要總是以直接的、詳細的觀察做為證據的來源。

　　更進一步來說，有一些研究者區分量化研究和質化研究方法，並不是建立在證據類型差異的基礎上，而是在整個不同的哲學信仰上（如，Guba & Lincoln, 1989; Lincoln, 1991; Sechrest, 1991; Smith & Heshusius, 1986）。這些差異已經在對研究評價的領域中造成了尖銳的爭論。雖然有一些人認為這些哲學信仰間是不能相容的，仍舊有人提出了對立的論點：不論一個人是否贊同質化或量化研究，在這兩種策略之間存在著一個強而有力且共同的基礎（Yin,

15

1994）。

　不但如此，個案研究在評鑑研究（evaluation research）中也佔有一席特殊的地位（見 Cronbach 等，1980; Guba & Lincoln, 1981; Patton, 1980; U.S. General Accounting Office, 1990; Yin, 1993, chap. 4），其中至少有五種不同的應用。最重要的是要**解釋**實際生活中的涉入間的因果關係對實驗或調查研策略而言，這種因果關係可能太複雜。用評鑑的語言來說，這個解釋會把計劃的實施和計劃的結果連結在一起（U.S. General Accounting Office, 1990）。第二個應用是用來**描述**涉入（intervention）和該涉入發生時的實際生活背景。第三，同樣也是以描述的形式，個案研究可以在一個評鑑中**說明**某些特定的主題，甚至是從新聞報導的角度。第四，個案研究策略可用來**探索**那些所要評鑑的涉入活動，而這些活動並沒有一組明確、單一的結果。第五，個案研究可能是一種「後設評鑑」（meta-evaluation），也就是對評鑑研究進行的研究（N. Smith, 1990; Stake, 1986）。不管是哪種應用類型，除了研究者之外，計劃的贊助者在定義評鑑的問題和相關資料類目上也扮演了重要的角色（U.S. General Accounting Office, 1990）。

方框三
新聞工作的個案研究

雖然民眾對於尼克森總統辭職的記憶已經減退，Bernstein 和 Woodward 的《All the Presidents Men》

（1974），仍舊是一篇對於水門事件醜聞的精彩報導。這本書很具戲劇性，而且緊張懸疑，純粹只用新聞報導的方法，卻意外地呈現出個案研究法的共同設計。

在這本書中的「個案」，並不是水門事件本身的竊盜問題，或者是更廣泛的尼克森政府的問題。更確切地說，這個個案是「掩飾」，是在竊盜餘波中所發生的一連串複雜的事件。Bernstein 和 Woodward 一再地呈現給讀者「如何」跟「為什麼」這兩種問題：掩飾是如何發生的？以及它為什麼會發生？這兩個問題都不容易回答，而這本書的吸引力就在於它一步一步地提出事實，巧妙地拼湊起來，並得到一個對掩飾有強而有力的解釋。

不論是記者或是社會科學家所做的，這個報導建立了人類複雜情境中如何和為什麼問題的答案，是使用個案研究的經典例子。就像在《All the President Men》中一樣，如果個案包含重要的公共事件以及吸引人的解釋，這意味者個案將會相當暢銷。

最後，某些新聞工作的成果有資格成為個案研究。事實上，有一個寫得最好並最有趣的個案研究是有關水門事件的醜聞（Watergate Scandal），這是由兩個**華盛頓郵報**（*The Washington Post*）的記者所寫的（見方框三）。

摘要

本章介紹做為一種研究策略的個案研究之重要性。就像其他的研究策略一樣，個案研究是採用一組預先指定的步驟，來探究實徵主題的方法。這些步驟將會是這本書其他部分的重心。

這一章也試著去區分個案研究跟其他社會科學的研究策略，並指出在哪些情境中，可能會比較偏好進行單一或多重個案研究，而不是用如調查研究等其他策略。因為不同策略的優缺點可能會重疊，所以有一些情境可能沒有很明顯偏好的策略。不過，基本的方法是用多元化的方式來考慮各種不同的策略——也就是視為社會科學研究中，研究者可從某特定狀況中引導出之戲碼的一部分。

最後，本章也討論到個案研究法的一些主要批評，並且也指出這些批判是誤導的。然而，我們都必須努力克服進行個案研究研究法的問題，這也包括了承認我們當中有一些人，不論是在技巧上或是情感上，一開始並不打算做這樣的研究。個案研究的研究法是非常難的，即使個案研究在傳統上已經被認為是「軟」（soft）的研究法了。令人矛盾地，越「軟」的研究策略會越難進行。

16

習題

1. **定義一個個案研究問題**　提出一個你會選擇用個案研究法來研究的問題。現在想像除了個案研究之外，你只能用歷史研究法、調查研究、或實驗法（但不是個案研究）來回答這個問題。這個問題有沒有哪些部分，無法透過這些研究策略來回答？用個案研究回答這個問題，會有哪些特殊的優點？

2. **定義「有意義的」個案研究問題**　舉出一個你認為值得成為個案研究對象的主題，並定出三個你的研究嘗試要回答的主要問題。現在假設你真的有足夠的證據可以回答這些問題（也就是，你已經成功地執行了你的個案研究）。你要如何向同事證明你的發現的意義？你要促進了某些主要理論的進展嗎？你發現了什麼很罕見的事情嗎？（如果你的答案沒有辦法說服你，也許你應該考慮重新定義你個案中的主要問題。）

3. **定義在其他研究策略上「有意義」的問題**　找出一個僅使用調查、歷史、或實驗（但不是個案研究）等方法為基礎的研究。描述這個研究的發現在哪些方面是有意義的。它促進了某些主要理論的進展嗎？它發現了什麼很罕見的事情嗎？

個案研究法

4. **檢討教學目的的個案研究** 先找一份爲教學目的設計的個案研究（例如，在商學院的課程所使用教科書中的個案）。指出這類型的「教學」個案跟研究個案有哪些特定的地方不一樣。教學個案引用第一手文件，包括證據，或是展現資料嗎？這個教學個案是否有結論？教學個案所顯現出來的主要目的可能是什麼？

5. **定義不同類型以研究爲目的的個案研究** 定義三種以研究（而非教學）爲目的個案研究類型：(1)解釋性或因果的個案研究、(2)描述性個案研究、以及(3)探索性個案研究。比較這些不同類型的個案研究最可能適用的狀況，並舉出一個你想要進行的個案研究，它是解釋性、描述性、或者是探索性的呢？爲什麼？

註釋

1. Robert Stake（1994）用另外一種方式來定義個案研究。他認爲它們並不是「方法論的選擇，而是選擇要研究的個體。」此外，這個體必須是「功能特定的」（如人或教室），而不是普遍的（如政策）。這個定義太廣泛了。任何研究的對象可稱爲個體（如人、組織、和國

家)時，無論使用什麼方法（如心理學實驗，管理問卷調查，經濟分析），都可以算是個案研究。

設計個案研究

　　研究設計是連結所蒐集的資料（以及要引出的結論），與研究的原始問題間的邏輯。就算沒有很明確的說出來，每個實徵研究也都會有其隱含的研究設計。

　　個案研究有四種彼此相關的主要設計類型，構成一個 2×2 的矩陣模型。其中第一個分類類目是由單一個案或多重個案設計所組成。第二個類目以其所涵蓋的分析單元為基礎，分別可跟第一個類目中的不同項目組合，並可分為整體性（holistic）的和嵌入式（embedded）的設計。

　　個案研究的研究者必須盡可能增進研究設計在四方面的品質：(1)構念效度（construct validity）、(2)內在效度（internal validity）（只針對解釋性或因果性的個案研究法）、(3)外在效度（external validity）、以及(4)信度（reliability）。第二章中對研究者應該如何處理這四個品質控制的問題有彙總的說明，不過它在這本書的其他部

分仍舊是個重要的主題。

設計個案研究的一般方法

第一章中說明了如何確認你的研究計畫的研究策略，相對於其他研究策略，什麼時候你應該選擇使用個案研究策略。下一個任務就是要設計你的個案研究。就像設計其他類型的研究工作一樣，你必須事先有一個方案或是**研究設計**。

在進行個案研究時，發展這個研究設計是個困難的工作。不像其他的研究策略，個案研究研究設計的完整「類目」仍有待發展。迄今也還缺乏像在其他生物或心理學方面的教科書，可以涵蓋研究設計上的考慮議題，如將研究主體分配到不同的群體中、不同的刺激或實驗條件的選擇，或確認所要測量的不同反應（見 Cochran & Cox, 1957; Fisher, 1935,在 Cochran & Cox, 1957 中引用; Sidowski, 1966）。在實驗室的實驗中，這些選擇每一個都反應出一個連結到所研究的主要問題上的重要邏輯。同樣地，我們甚至沒有像由 Campbell 和 Stanley（1996）或是 Cook 和 Campbell（1979）他們所寫的那些有名的著作可作為教科書，那些書扼要地說明了準實驗情境（quasi-experiment situations）的各種研究設計。研究者間也沒有逐漸產生任何共同的設計，例如像「小組研究」（panel study）現在

19

已經成為調查研究中被認可的一部份一樣（見 Kidder & Jud, 1986, 第六章）。

　　此外，有一個常犯的錯誤也必須要注意避免，那就是把個案研究設計當做是其他如實驗研究等策略之研究設計的一部份或是變形。有一段很長的時間，學者們都有一種錯誤的想法，他們認為個案研究只是準實驗研究設計的其中一種類型（僅作一次的後測的設計，the one-shot posttest-only design）。這個迷思最後終於被矯正過來了，以下這段話出現在準實驗研究改訂版中的敘述：「毫無疑問的，正常實施的個案研究不應該被認定為單群組僅作後測的設計（one-group post-test-only design）並因此而受到貶低。」（Cook & Campbell, 1979, p.96）。

　　換句話說，僅作一次的後測設計做為一種準實驗研究法，仍然有可能會被認為是有瑕疵的。不過，個案研究法現在已經被公認為是另外一種不一樣的東西了。事實上，個案研究法是個擁有自己的研究設計的一個獨立的研究策略。

　　不幸的是，個案研究的研究設計還沒有被有系統的編纂。因此，接下來的章節會詳細地擴充在這本書的第一版裡所發掘的新觀點，並且描述進行單一和多重個案研究之研究設計的基本背景。雖然未來仍舊需要繼續修改並且改善這些設計，不過以他們目前的形式，仍舊可以幫助你設計更嚴密，以及方法更健全的個案研究。

研究設計的定義

　　每一種實徵研究就算沒有明確說出，也都有其隱含的研究設計。以最基本的意義來說，這種設計是一系列的邏輯，將「完全只根據觀察或實驗而來的資料」與「初始的研究問題」相互聯繫，最後產生研究結論。講得更白話一點，研究設計是**一種從這裡到那裡的行動方案，這裡**可以定義為所要回答的初始問題，而**那裡**就是有關這些問題的一些結論（答案）。在「這裡」跟「那裡」之間，可以找到一些主要的步驟，包括收集與分析相關的資料。就如同一個總結性的定義，其他的教科書將研究設計描述為一個計畫，這個計畫

　　　　能在收集、分析、和解釋所觀察現象的過程中引導研究者。它是一種**求證的邏輯模式，**可以讓**研究者在研究的變項中，推論出有因果關係的結論**。這個研究設計也決定了概化的範圍，也就是說，研究所得到的解釋能否推論到更大的母體或是不同的情境中（Nachmias & Nachmias, 1992, pp. 77-78, 強調處為後加的）。

　　討論研究設計的另一個方法，是做為研究的一個「藍圖」。以這個目的來說，至少要處理四個問題：要研究哪些問題，相關的資料有哪些，要收集哪些資料，以及要如何去分析結果（見 F. Borum, personal communication,

Copenhagen Business School, Copenhagen, Denmark, 1991; Philliber, Schwab, & Samsloss, 1980）。

　　要注意的是，一個研究設計並不只是一個工作計劃。設計的主要目的，是希望能幫助研究者避免「他所蒐集的證據，不足以用來回答任何初始研究問題」的這種情況。就這個意義來說，研究設計處理的是**邏輯**的問題，而不是**後勤上**（*logistical*）的問題。舉一個簡單的例子，假設你要研究一個單一組織，而你研究的問題涉及這個組織跟其他組織之間的關係，例如他們關係的本質是彼此競爭或是相互合作。這個問題只有在你直接從其他組織收集資料，而不是只從你所研究的那個組織收集，才有辦法回答。如果你只檢視一個組織就結束了你的研究，你就無法推論出關於組織間合夥關係的正確結論。這就是在你的研究設計中出現了瑕疵，並不是在你的工作計劃中。如果在你一開始有發展一個合適的研究設計，就可以避免掉這樣的結果。

研究設計的元素

　　對個案研究法而言，研究設計中有五個特別重要的元素：

　　　1.　一個研究問題；
　　　2.　它的命題，如果有的話；
　　　3.　它的分析單元；
　　　4.　連結資料及命題的邏輯；以及

5.　　解釋研究發現的準則。

　　研究的問題　　第一個元素在第一章中已經介紹了。雖然你的問題在本質上會不同，第一章建議問題的**形式**—包括「什麼人」、「是什麼」、「在哪裡」、「如何」、和「爲什麼」等問題－在選擇適切的研究策略上，提供了一條重要的線索。個案研究策略對於「如何」和「爲什麼」的問題可能是最合適的。因爲這一點原因，你一開始的任務就是要準確地確認你所研究的問題之本質。

　　研究的命題　　研究中的每個命題會將你的注意力引導到在研究範圍內所應該要檢視的事情上。例如，假設你研究的主題是組織間的合夥關係，你以下這樣的問題展開你的研究：如何以及爲什麼組織會跟其他的組織共同合作，來提供聯合的服務（例如製造業跟零售商一起合作，來賣某些電腦產品）？這些「如何」和「爲什麼」的問題，是真正引起你的興趣，而想回答的問題，這些問題也引導你開始選擇以個案研究爲適合的研究的策略。不過，這些「如何」和「爲什麼」的問題，並沒有表明出你應該要研究什麼。只有在你被強迫要描述一些命題時，你才會往正確的方向邁進。例如，你可能認爲組織之間會彼此合作，是因爲他們要取得共同的利益。除了反應了一個重要的理論議題外（彼此合作的其他誘因並不存在，或是並不重要），這個命題也告訴你，要開始在哪裡找尋相關的證據（要用來定義並確認這些組織取得的利益範圍）。

　　在此同時，有一些研究對於沒有提出任何研究命題可

能也會有合理的解釋。這種情形下，研究的主題是要「探索」某個主體，這也常見於實驗法，調查研究，以及其他類似的研究策略中。不過，每個研究仍舊應該有其目的。一個探索性研究設計應該要以提出研究目的來替代研究命題，並說明用來判定探索是否成功的標準。考慮一下跟方框四類似的探索性個案研究，你能夠想像你要如何向伊莎貝拉女王尋求支持以進行你的探索性研究嗎？

分析單元　第三個元素是有關定義何謂「個案」的根本問題，這也是一個在個案研究一開始就使許多研究者煩惱的問題。例如，在傳統的個案研究中，一個「個案」可能是一個個人。Jennifer Platt（1992a, 1992b）就指出，在芝加哥社學派社會學早期的個案研究中，有許多都是像青少年罪犯、或是怠忽職守者這樣角色的生命歷史紀錄。你也可以想像有關於臨床病人、模範學生、或某種領導者類型的個案研究。在這每一種情境中，所要研究的個案都是指個人，而且也是以個人為基本的分析單元。在研究中會收集跟個人相關的資訊、而且在多重個案研究中會包括許多個這樣的個人或「個案」。但仍舊需要命題的幫助，來確認跟這個或這些個人相關的資訊是什麼。如果沒有這些命題，研究者可能必須要嘗試收集「所有東西」，不過這樣做是不可能的。舉例來說，與研究個人有關的命題，可能會包括童年生活或同儕關係的角色這些因素的影響。這樣的命題顯現出要收集的相關資料已經縮小到一個較窄的範圍。一個研究包含的具體命題越多，它越可能維持在一個可行的範圍中。

22

當然，「個案」也可以是一些事件或是個體，這跟單一個人比較起來，這個概念定義的並不清楚。個案研究曾用來研究關於決策、計劃、實施過程、以及組織變革的問題。Feagin, Orum, & Sjoberg（1991）包含了一些這類型單一個案研究，在社會學和政治學中的經典例子。進行這類主題的研究時要特別小心，每一個「個案」開始和結束的地方，都不是容易定義的。例如一個研究某特定計劃的個案研究可能會顯現出，（a）在計劃定義上的差異，端視參與者的不同觀點而定，以及（b）在計劃正式命名之前就已經存在的計劃元素。任何研究這個計劃的個案研究，在描繪分析單元時可能就必須要面對這些狀況了。

方框四

針對探索性個案研究，以「探險」作為類比

　　當初哥倫布（Christopher Columbus）前往晉見伊莎貝拉女王，要求她支援他進行新世界的「探險」時，他必須要提出一些理由來要求三艘船（為什麼不是一艘？為什麼不是五艘呢？）；而且，他也要說明為什麼要往西方走（為什麼不是往南？為什麼不往南，然後再往東呢？）。當他真正抵達東印度群島時，在認定上也有一些（錯誤的）標準。簡單地說，他的探險必須由某些原因和方向開始，雖然他一開始的假設在日後已經被證明是錯了了（Wilford, 1992）。同樣的，探索性個案研究也應該要以這種原因和方向的起點作為基礎。

　　一般入門的方法是，分析單元（所以也就是個案）的

定義，跟研究一開始問題被定義的方式有關。假設你想要研究美國在全球經濟中扮演的角色，Peter Drucker（1986）寫了一篇關於全球經濟根本上的改變的精采文章，內容包括與產品和服務流動無關之「資本移動」之重要性。你的個案研究的分析單元可以是一個國家的經濟、全球市場中的一個產業、一項經濟政策、或者是兩個國家間貿易或資金的流動。不同的分析單元需要不太一樣的研究設計以及資料收集策略。選擇適當的分析單位來自於正確的確定研究的主要問題，如果你的問題沒有辦法幫你判定某個分析單元較另一個分析單元好，那麼你的問題可能就是太小，不然就是太大了，你在進行個案研究時可能還會遇到許多困難。

23

　有些時候，我們所定義的研究單元，可能和所研究現象對研究單元的需要有所不同。我們常可看到，研究者把整個街坊的個案研究跟小群體的個案研究混淆在一起（如另外一個例子中，在組織的研究中混淆了新發明跟小群體的研究，見方框五甲）。像整個街坊這樣的一般區域如何處理種族的轉變、提高品質、以及其他的現象，與一個小群體如何處理這些相同的現象比起來，可能會是相當不同的。例如《街角社會》（*Street Corner Society*）（Whyte, 1943 / 1955，見本書第一章中方框一）和《*Tally's Corner*》（Liebow, 1967，見本章方框九），常被認為是關於整個街坊的個案研究。然而事實上，他們是小群體的個案研究（要注意的是，即使是這些小群體所居住的區域，對群體的發展有著清楚的意涵，在這兩本書中都沒有

描述到整個街坊的地理環境）。不過，方框五乙呈現出一個在世界貿易的領域中，如何定義分析單元以使其更具區別效果的好例子。

方框五甲

何謂分析單元？

《**新機器的精神**》（*The Soul of a New Machine*）（1981）是一本得到普立茲獎的書，作者是 Tracy Kidder。這本書也是一本暢銷書，是有關於由 Data General Corporation 公司所生產的新型迷你電腦的發展，他們試圖要與 Digital Equipment Corporation 公司所生產的迷你電腦直接競爭。

這本容易閱讀的書，描述了 Data General Corporation 的工程團隊如何發明並且發展了這台新的電腦。這本書從電腦基本觀念的形成開始，並在工程團隊把機器控制權轉給 Data General Corporation 的行銷人員時結束。

這本書是個案研究一個極佳的例子。不過，這本書也說明了在進行個案研究時會產生的主要問題——也就是定義分析單元的問題。這個個案研究是跟迷你電腦有關嗎？或是跟像工程團隊這種小群體的動態有關？如果我們想要了解個案研究跟廣泛的知識本身有什麼關係，這個問題的答案就非常的重要——不論它是要推論到科技的主題上，或是推論到團體動態的主題上。因為這本書並不是一份學術研究，所以它並不需要，而且也沒有提出答案。

24　　　大部分的研究者在定義分析單元時，會把這類型的困擾考慮進去。為了減少這樣的困擾，跟同事一起討論可能

的個案是個很不錯的練習。試著向那個人解釋，你嘗試回答的問題是什麼，還有你為什麼選用了某個特定的個案或是一組個案，來回答這些問題。這可以幫助你避免定義出不正確的分析單元。

方框五乙
對分析單元一個比較清楚的選擇

Ira Magaziner 和 Mark Patinkin 在所著的《沈默的戰爭：影響美國未來的全球企業戰場》（ *The Silent War：Inside the Global Business Battles Shaping American's Future* ）（1989）這本書中提出九份個案研究，每一個個案研究都有助於讀者了解國際經濟競爭的現實狀況。

其中有兩個個案看起來很類似，不過事實上，他們的主要分析單元並不相同。其中一個個案是有關於韓國的 Samsung 公司，是一個關於使該公司具有競爭力的關鍵政策的個案。了解韓國的經濟發展是文章背景的一部份，這份個案研究也包含了一個嵌入的單元—以 Samsung 在微波爐上的發展，作為說明的產品。另一個個案是關於蘋果電腦製造廠在新加坡的發展，實際上是新加坡使得國家更具競爭力的關鍵政策的個案研究。蘋果電腦公司製造廠的經驗－－個嵌入的分析單元－－實際上是個說明國家政策如何影響國外投資的例子。

這兩個個案顯示出主要的和嵌入的分析單元之定義，如何視探究的層級而定，就像圍繞在這些單元的背景事件之定義一樣。主要的分析單元可能與主要的研究問題在同一層級上。

建立了個案的一般定義之後，釐清分析單元上的其他問題就變得很重要了。舉例來說，如果分析單元是一個小群體，包含在群體當中（個案研究目前的主題）的人必須跟那些在群體之外（個案研究的背景）的人有所區分。同樣地，如果個案是跟某個地理區域的行政服務有關，此一研究就必須決定是否需包含適用範圍與行政區域並不一致的公眾事務服務。最後，由於幾乎任何主題都有可能被選到，所以需要特定的時間界線來定義個案的開始和結束。所有這類的問題都必須要考慮並回答，用以定義分析單元，並由此來決定資料收集與分析的限制。

25

　　最後，定義個案跟分析單元，也跟可取得的研究文獻所扮演的角色有關。由於大部分的研究者會想把他們的發現跟先前的研究做比較，所以關鍵性的定義不應該是特殊的。更確切地說，每個個案研究跟分析單元，要不是應該跟先前其他人所做的研究類似，要不然就是應該要清楚的、以操作式定義的方式跳脫出來。用這種方法，先前的文獻因而也可以成為定義個案和分析單元的指南。

　　連結資料及命題以及解釋研究發現的準則　第四個跟第五個元素在個案研究中是發展最少的部分。在個案研究的研究法中，這些元素呈現出分析資料的步驟，而且研究設計應該要奠定資料分析的基礎。

　　連結資料及命題可以以無限多種方法來進行，不過這些方法沒有一個能像心理學實驗中，指派受測者跟測試條件　（也就是在心理學中連結假說和資料的方法）　那樣準確地定義。對個案研究而言，Donald Campbell（1975）所

描述的類型比對（pattern-matching）的觀念是一個有希望的方法，這個方法中，來自同一個案中的一些資訊可能會跟某些理論的命題有關。Campbell（1969）在一篇相關的文章中，說明了其中一種類型，也就是時間序列類型（time-series pattern）的方法，不過並沒有用類型比對這個名稱。

　　Campbell 在他的文章裡首先指出，康乃迪克州全年的交通意外死亡人數，在通過一條新的州立法令，限制開車時速每小時 55 英哩後，似乎下降了。不過，進一步檢查法律改變前後幾年的資料，顯示意外死亡率的改變，與其說是有顯著的減少，倒不如說只是非系統性的變動。一個簡單的眼球測試就可以顯示實際的類型**看起來**是非系統性的，並沒有遵循下降的**趨勢**（見表 2-1），也因此，Campbell 做了結論，限制時速對於降低交通意外死亡的人數並不具任何功效。

　　Campbell 所做的是描述兩個可能的類型，然後指出比起其中一個類型，資料更為符合另外一個類型。如果把這兩個可能的類型當作是對立的命題（關於新的限速法律的影響，一個「有功效」的命題跟一個「沒有功效」的命題），類型比對的技術是連結資料及命題的方法，即使是整個研究只包含一個單一個案（康乃迪克州）。

先導的命題：

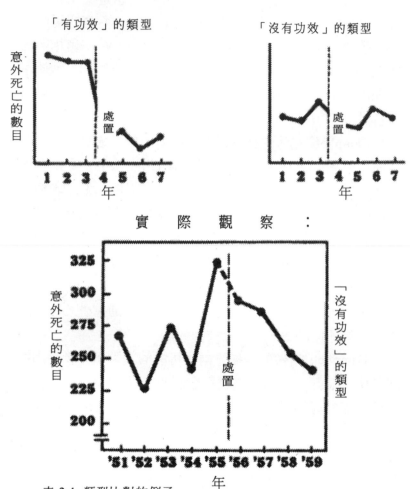

表 2-1 類型比對的例子
資料來源：COSMOS Corporation

　　這篇文章也說明了**解釋研究發現的準則**這第五個元素
的問題。 Campbell 的資料跟其中一個符合的情況，比起

跟另外一個符合的情況要好多了。不過必須要有多符合才能視爲符合呢？請注意，Campbell 並沒有做任何統計上的測試以提供比較。事實上也不可能做統計測試，因爲在類型中的每個資料點都是一個單一數目，也就是那一年意外死亡的人數，因此，我們無法求出它的變異數，也不能作任何統計的測試。目前並沒有明確的方法來設定解釋這類發現的準則，只希望能足夠比對出不同的類型（就像在 Campbell 的個案中一樣），可以用比較至少兩個對立命題的方式來解釋發現。

總結　一個研究設計應該包括五個元素。雖然目前的方法並沒有對最後兩項要素提供詳細的指導，但是一份完整的研究設計不應該只是指示要收集哪些資料，還需包括（a）研究的問題、（b）它的命題、以及（c）它的分析單元。這個設計也應該要告訴你在收集資料之後所要做的事情，就像（d）連結資料及命題的邏輯、以及（e）用來解釋研究發現的準則。

在設計工作中，理論所扮演的角色

準備前述這五項研究設計的元素，會有效地迫使你開始架構跟你的研究主題有關的初步理論。在資料收集之前，理論發展所扮演的較色，是個案研究法與其他相關方法，如民族誌學（Lincoln & Guba, 1985, 1986; Van Maanen, 1988; Van Maanen 等人, 1982）和「培基理論」（grounded theory）（Strauss & Corbin, 1990）之間不同的地方。很典

型地，這些相關方法很慎重地避免在一開始研究的時候，就指明任何理論上的命題。這使得學生有個不正確的想法，他們認為用個案研究法，可以很快地進入他們工作中資料收集的部分，而且他們也被鼓勵要盡快地找出他們的「田野門路」（field contacts）。沒有別的引導會比這個更讓人容易誤解，除了其他的考量以外，哪些是相關的田野門路，是由對所研究的事物的了解或是理論所決定的。

理論的發展　對個案研究而言，不論個案研究的目的是要發展或是要測試理論，設計階段中包括了理論發展的部分是很重要的。就拿實施一個新的管理資訊系統（MIS）的個案研究當例子（Markus, 1983），以下這樣的一段敘述就是一個最簡單理論的構成要素：

> 這個個案研究將會指出，為什麼實施新的資訊系統只有在組織能夠自我重新建構時才能成功，而不是只是把新的 MIS 應用在舊的組織結構上（Markus, 1983）。

這一段敘述呈現了 MIS 實施理論的概觀，也就是說，要能成功實施 MIS，組織的重新建構是有必要的。

相同的個案，另外一個構成要素可能會是以下的這一段敘述：

> 這個個案研究也將會指出，為什麼單純替換關鍵人物對實施成功而言是不夠的（Markus, 1983）。

第二段敘述呈現出一個對立理論的觀點，也就是說，MIS 實施會失敗是由於個人對變革的抗拒，替換掉抗拒的人是實施要成功的唯一需求。

28

你可以看到，當這兩個最初的構成要素持續被加以闡明，其中所敘述的概念將逐漸地包含了問題、命題、分析單元、連結資料及命題的邏輯、以及用來解釋研究發現的準則，也就是研究設計所需的五個元素。就這個意義而言，完整的研究設計包含一個與研究主題相關的理論。這個理論並不像社會科學中那些抽象理論那麼正式，你也不需要是一個能幹的理論家。更確切地說，研究之所以需要理論的命題，是為了一個簡單的目的，也就是要使你的研究能有一個足夠有效的藍圖。接下來，完整的研究設計在你決定要收集哪些資料、使用什麼策略來分析資料時，會提供特別有用的指導。因為這個原因，在收集任何個案資料前先發展理論，是作個案研究的一個重要步驟。

然而，理論發展是很花時間，而且也有可能是很困難的（Eisenhardt, 1989）。對某些主題而言，目前已有的工作成果可以提供豐富的理論架構，來設計特定的個案研究時。例如要是你對國際經濟發展有興趣的話，Peter Drucker 所著的《改變的世界經濟》（The Changed World Economy）（1986）是理論跟假說的一個特別來源。Drucker 聲稱，全球性經濟自過去以來已經有重要的改變了。他指出初級產品（原物料）經濟跟產業經濟之間有「脫勾」（uncoupling）的現象，在低廉勞工成本跟製造業生產間、以及金融市場跟產品和服務經濟間也有類似的

脫勾現象。測試這些命題可能會需要不一樣的研究，有一些著重在不同的脫勾上，一些著重在特定的產業，還有一些則解釋特定國家的困境。不同的研究，很可能需要不一樣的分析單元。Drucker 的理論架構可以用來引導這些研究的設計、或者甚至收集相關的資料。

在某些狀況中，適合的理論可能是描述性的理論（見方框六，方框一是另一個例子），你關心的重點應該要放在這些關鍵議題上，如（a）描述的目的；（b）研究主題有一個真實且完滿的範圍，可判斷研究是否得到「完整」的描述；以及（c）這個描述對某些主題是很重要的。這些問題的好答案，包括這些答案背後的道理，會在你發展所需的理論基礎，以及發展研究設計這一條漫漫長路上給你幫助。

方框六
利用隱喻來發展描述性理論

美國，俄羅斯，英國，與法國，在這四個國家主要的政治革命期間是否都經歷了類似的事件過程，這是 Crane Brinton 在他著名的歷史研究—《革命的解析》（*The Anatomy of a Revolution*）（1938）中的主題。作者以描述性的方法來追溯與分析這些事件，他主要的目的並不是要解釋這些革命，而是要決定他們是否遵循類似的過程。

這種「跨個案」（cross-case）的研究顯示出主要的類似處：所有的社會在經濟上都在提升；有激烈的社會階級敵對；知識分子喪失了領導的地位；政府機構沒有效率；以及佔有支配地位的社會階級，表現出不道德、放蕩、或是不適

當的行為（或是三種都有）等等。不過，作者不是只依賴這些「因素」取向的描述，他也發展了人體受發燒之苦的隱喻，來描述這段時間裡，所發生的事件類型。作者熟練地利用發燒和風寒的循環，在上升到關鍵點後，接下來的是不真實的平靜，來描述這四個革命中起起落落的事件。

雖然如此，對某些主題而言，現有知識背景可能很貧乏，而且取得的文獻資料也無法提供概念架構或假說。這樣的知識基礎，沒有辦法用來發展好的理論敘述，所以任 **29** 何新的實徵研究，都可能被假設有作為「探索性」研究的特徵。不過就像先前在方框四的個案中指出，即使是探索性個案研究，也應該先回答以下幾個問題：（a）要探索的是什麼、（b）探索的目的、以及（c）判定探索為成功的準則何在。

理論說明的類型 一般而言，為了克服理論發展的障礙，你應該試著檢視跟你所想要研究的問題相關的文獻（也見 Cooper, 1948）；跟同事或老師討論你的主題和想法；並問自己關於你的研究一些具挑戰性的問題，如為什麼你要做這個研究，你希望可以由這個研究中學到什麼。

此外，你應該要注意可能會跟你的研究相關的所有理論的範圍。例如，在 MIS 這個例子中，說明了 MIS 實施的
理論，而這只是可以做為研究對象的其中一個理論類型而已。你可以考慮的其他理論類型，包含以下這些：

- 個人的理論－－如個人發展、認知行為、人格、 **30**

學習和障礙、個人知覺、人際互動等理論。

- 群體的理論－－如家族功能、非正式群體、工作團隊、管理者－－員工協調、以及人際網路等理論。
- 組織的理論－－如官僚組織、組織結構和功能、組織績效優異（如 Harrison, 1978）、以及跨組織合作等理論。
- 社會的理論－－如都市發展、國際性行為、文化的機構、技術發展、以及市場功能等理論。

其他的例子涵括了其中某些的理論說明類型。例如決策理論（decision-making theory）（Carroll & Johnson, 1992）可以包含個人、組織、或是社會群體。另外一個例子，有一個在個案研究中常見的主題是對於公眾所支持的計劃的評鑑，可能是聯邦政府、州、或是地方政府的計劃。在這種情境中，對設計評鑑方法來說，發展一個說明計劃要如何才能成功的理論是很重要的，不過，這一點過去都被忽略了（Bickman, 1987）。Bickman 認為分析者常常混淆了關於計劃的理論（如要怎樣使教育更有效）和關於計劃實施的理論（如要怎樣導入一個有效的計畫）。政策制定者想要知道的是需要的實質步驟（如描述一個有新效果的課程）；不幸地，分析家建議的是管理的步驟（如僱用一個好的專案執行者）。只要能更密切的注意實質的理論，就可以避免掉這些誤差。

從個案研究推論至理論 發展理論不只有助於接下來

個案研究的資料收集階段。發展適當的理論，也是個案研究結果可以產生概化的層級。理論的角色在這本書中被稱為「分析式概化」（analytic generalization），並且可跟另一種推論結果的方式，也就是「統計式概化」（statistical generalization）來對比。了解這兩種類型的概化的差別，可能會是在你進行個案研究時最重要的挑戰。

讓我們先來看較普遍被認可的概化方式——「統計式概化」，雖然它跟進行個案研究比較沒有關聯。在統計式概化中，研究者是以在某個樣本中所收集到的實徵資料為基礎，來推論到母體（或全體），這表現在表 2-2 中**第一層的推論** [1]。由於研究者可以利用現成的公式，由群體和樣本的大小、以及內部的變異，決定對研究結果可以概化程度的信心，因此統計式概化乃成為一種能被共同認可的方法。此外，這是在進行調查研究時，使用最普遍的推論方法（如 Fowler, 1988; Lavrakas, 1987）；也是實驗研究法的推論中必要的（雖然不是唯一的）成分。

31

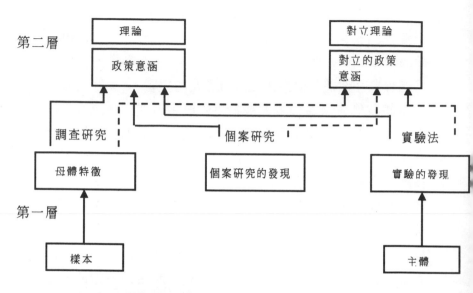

第二層

| 理論 |
| 政策意涵 |

| 對立理論 |
| 對立的政策意涵 |

調查研究　　　　　個案研究　　　　　實驗法

| 母體特徵 |　　| 個案研究的發現 |　　| 實驗的發現 |

第一層

| 樣本 |　　　　　　　　　　　　　| 主體 |

表 2-2　兩個推論的層級

資料來源：COSMOS Corporation

　　作個案研究時的一個致命瑕疵，就是誤認為統計式概化的方法可被用來推論個案研究的結果。事實上，個案並不是「抽樣單位」（sampling units），而且也不應該是為了要選取抽樣單位，而被選取成為個案；更確切地說，選擇每個個案研究就像實驗研究者選取新的實驗主題一樣。就這個意義而言，多重個案應該被視為多重實驗（或是多重調查）一樣。在這些情境中，所用的推論方法是分析式概化，在此先前所發展的理論被用來做為比較個案研究實

徵結果的模板。如果兩個或是更多的個案顯示支持相同理論的話，就可以宣稱有複現（replication）的現象產生。如果兩個或是更多的個案支持相同理論，但並不支持另一個看似同樣合理的**對立理論**，實徵結果就更具說服力了。圖2-2 的**第二層的推論**，顯示出此種概化類型的圖解。

不論你的個案研究包含一個或是數個個案，都可以使用分析式概化，此後這會被稱爲單一個案或是多重個案研究。複現邏輯以及統計式概化和分析式概化之間的區別，會在多重個案研究設計中，更進一步加以詳細討論。在這個關鍵點你所要注意的，是應該要嘗試以分析式概化來進行個案研究，並且避免使用一些令人困惑的措詞來思考，如「個案的樣本」（the sample of cases）、或是「小樣本的個案」（small sample size of cases），好像單一的個案研究就像是調查研究中的單一回答者、或是實驗研究中的單一受測者一樣。換句話說，就表 2-2 而言，當你在進行個案研究時，應該要將目標放在第二層推論的部分。

由於在兩個推論方法之間的區別相當重要，在這一章的其他部分和第五章中，你還會看到許多重複出現的例子與討論。

總結　這一小節說明了一個完整的研究設計，應該包含稍早描述的五個元素，事實上這需要針對要進行的個案研究發展理論架構。不管研究是解釋性、描述性、還是探索性的，一個好的個案研究者應該要努力發展這樣的理論架構，而不是抗拒這種需求。在進行個案研究時，理論不只在定義適當的研究設計和資料收集時有很大的幫助，更

32

是推論個案研究結果的主要工具。

評斷研究設計品質的準則

　　由於研究設計應該要呈現出一組邏輯的敘述，你可以利用一些邏輯的測試，來判斷一個研究設計的品質。這些測試中常用的概念包括了可信任性（trustworthiness）、可靠性（credibility）、可證實性（confirmability）、以及資料相依性（data dependability）（U.S. General Accounting Office, 1990）。

　　然而，實徵的社會研究普遍採用的品質測試標準主要有四個。因為個案研究是這種實徵研究之一，所以這四個測試也跟個案研究有關。本書的一個重要創新，就是確認了我們進行個案研究時，用來處理這四個測試問題的一些作法。表 2-3 列出了這四個廣為使用的測試以及個案研究中建議的作法，還有這些作法在個案研究中採用的階段（稍後在本書的相關章節中，對每個作法會有詳細的說明）。

33　　因為這四個測試對所有的社會科學方法而言是一樣的，所以這些測試在很多教科書中（見 Kidder & Judd, 1986, 26-29 頁），都有扼要的說明：

測試	個案研究作法	作法應用的研究階段
構念效度	――使用多重證據來源 ――建立一個證據鏈 ――請關鍵資料提供者，檢 　　視個案研究報告的草稿	資料收集 資料收集 寫作
內在效度	――進行類型比對 ――進行建立解釋 ――進行時間序列分析	資料分析 資料分析 資料分析
外在效度	――在多重個案研究中使用 　　複現邏輯	研究設計
信度	――使用個案研究的計畫書 ――發展個案研究資料庫	資料收集 資料收集

表 2-3　個案研究處理四個研究設計測試問題的作法

資料來源：COSMOS Corporation

- **構念效度**（*construct validity*）：對所研究的觀念，建立正確的操作性衡量方法。

- **內在效度**（*internal validity*）（只針對解釋性或是因果研究，而不適用於描述性或探索性的研究）：建立一個因果關係，以顯示某些條件可引導至其他條件，並和虛無的關係（spurious relationships）區　　別。

- **外在效度**（*external validity*）：建立一個研究的結果可以被概化的範圍。
- **信度**（*reliability*）：說明如資料收集過程等研究的操作因子，可以重複實施並得到相同的結果。

　　這個表比起那些大部分學生已經接觸過的標準「效度」和「信度」的概念更為複雜，而且每個項目都需要特別小心。對個案研究而言有一個重要的啟示，就是整個個案研究接下來的活動中，都應該用一些方法來處理這些測試，而不是只有在一開始的時候使用。就這個意義來說，「設計工作」實際上在一開始的設計階段之後也都還持續進行著。

34

構念效度

　　第一個測試在個案研究中是特別有問題的。那些批評個案研究的人常指出一個事實，個案研究的研究者無法發展一組充分的操作性衡量指標，而且資料收集時常用到「主觀」的判斷。這可以一個常見的個案研究主題，如「鄰里改變」的研究為例子來說明。

　　數年來，一些都市鄰里的性質如何改變，已經逐漸成為一個受關注的議題。有許多個案研究檢視了改變的類型以及他們的結果。然而，如果沒有事先指明哪些是構成「改變」的有意義、操作上事件，那麼讀者會無法分辨個

案研究中記錄的改變，是否真實地反應出街坊間的關鍵事件，或者只是以研究者的想像為基礎得到的。

鄰里的改變的確包括了很多種現象：種族轉變（turnover）、住宅的毀損與棄置、都市服務類型的改變、鄰里的經濟機構之移轉、或是由低收入到高收入戶居民的轉變，造成整個街坊「上流階級化」。要滿足構念效度的測試，研究者必須要確定研究中包括了兩個步驟：

1. 選擇特定類型的改變做為研究的對象（與研究原始的目的有關）；以及

2. 說明所選擇對這些改變的衡量，的確反應出了前面選擇的特定改變類型。

假設你指出計劃要研究整個街坊犯罪行為的增加，這滿足了上述第一個步驟。而第二個步驟要求你證明，為什麼你使用警方報告的犯罪資料（這也是美國聯邦調查局的犯罪活動報告所使用的標準方法）測量犯罪行為的是合理的。假設大部分的犯罪活動並沒有向警方報告，或許這就不是一個有效的方法。

如表 2-3 所示，進行個案研究時，可以利用三個方法增加構念效度。第一個是使用**多重證據來源**，在某種程度上它能幫助探究活動的收斂，這個作法跟資料收集的階段有關（見第四章）；第二個作法是建立**一個證據鏈**（chain of evidence），這也是資料收集期間適合用的方法（見第四章）；第三個作法是請**關鍵**性的資料提供者，檢視個案

35

研究報告草稿（在第六章中，會進一步地描述這個程序）。

內在效度

在實驗法跟準實驗法中都相當重視這項測試準則（見 Campbell & Stanley, 1966; Cook & Campbell, 1979），有很多對效度的「威脅」都已經被確認了，其中主要是要處理虛無的效果（spurious effects）。不過因為有很多教科書都包含了這個主題，所以這裡只有兩點還需要再提出來。

首先，內在效度只有對因果性（或解釋性的）個案研究而言才是重要的，此時研究者試著要決定事件 x 是否會導致事件 y。要是研究者做出不正確的結論，指出在 x 與 y 之間存在因果關係，卻不知道會有某個第三因素 z，可能才是真正導致 y 的原因，那麼這個研究設計就無法解決內在效度的威脅了。要注意這個邏輯並不適用於描述性或是探索性的研究（不論這些研究是個案、調查、或是實驗研究），這些研究都不需要提出因果關係的陳述。

第二，對於個案研究法而言，內在效度的意義可能會擴展到推論這個更廣泛的問題。基本上，在個案研究中，每個無法直接觀察到的事件都包含了一個推論。因此，個案研究中的部分工作，就是研究者要根據訪談和收集的文件證據，來「推論」一個特殊的事件，是某些早期發生過的事情的結果。這個推論正確嗎？有考慮到所有對立的解釋和可能性嗎？不同的證據是否是收斂到同一推論？看起

來無懈可擊嗎？一個預測到這些問題的研究設計，必須要處理整個完整的推理問題，當然也包含了內在效度這個特定的問題。

然而，特別是在進行個案研究時，很難確認可以用哪些具體作法達到這個結果。表 2-3 顯示了已經提過的**類型比對**的分析作法，是一組被建議可以用來滿足內在效度的方法，這在第五章中會有更進一步的說明。此外，**建立解釋**和**時間序列**分析這兩種相關的分析作法，也會在第五章說明。

外在效度

第三個測試是關於研究發現是否可以推論到研究的個案之外的問題。舉一個最簡單的例子，如果一個鄰里改變的研究只研究了一個鄰里，這樣的結果可以適用在另外一個鄰里上嗎？這個外在效度的問題是個案研究的主要障礙，傳統上，批評者都宣稱單一個案無法提供足夠的推論根據。不過，這種批評的涵義是要把個案跟調查研究相比，在調查研究中可以由「樣本」（如果選擇正確的話）推論到整體。**當我們進行個案研究時，這種樣本和整體的類比是不正確的**。因為調查研究法依賴**統計**式概化，另一方面，個案研究（以及實驗法）則依賴**分析**式概化。在分析式概化中，研究者需要將一組特定的結果退論到某些更廣泛的理論中（見方框七）。

舉例來說，用來引導這個個案研究的鄰里變革理論，

36

和用來幫忙確認研究結果可以推論哪些其他個案的理論是相同的。如果一個研究的主題是「上流階級化」（gentrification）（Auger, 1979），在選擇要研究的鄰里區域時，也需要確認所要研究的上流階層化發生的鄰里類型。原則上，所有有關這類型鄰里之變革的理論，都會是稍後研究結果可以被推論到的標的。

方框七

個案研究如何推論到理論上

　　一個對個案研究共同的抱怨，是很難從一個個案推論到另外一個個案。因此，分析者陷入了想要挑選出一個或一組「具有代表性的」個案的陷阱中。然而，不管個案的規模有多大，沒有一組個案能夠圓滿地處理這個抱怨。

　　問題在於所謂推論到其他個案研究這個概念。換言之，一個分析者應該試著把研究發現推論到「理論」上，就好像科學家把實驗結果推論到理論上所用的方法一樣。（要注意的是，科學家並沒有試圖要挑選出「具有代表性」的實驗）。

　　這個方法在 Jane Jacobs 的名著－《美國偉大城市的興衰》（*The Death and Life of Great American Cities*）（1961）中有詳細的說明。這本書大部分是以紐約市的經歷為基礎，不過章節的主題除了反應紐約市個別的經歷外，還包括了都市計劃中更廣泛的理論議題，如人行道的角色、鄰里地區公園的角色、混合使用的需求、小型街區的需求、以及去貧民區（slumming）和不去貧民區的過程。這些關鍵主題合計起來，事實上呈現出一個都市計劃理論的建立。

　　Jacob 的書在計劃的專業領域中引發了激烈的爭論。其

中一個結果，是在其他地方，也有一些新的實徵探究來檢視
他這些豐富及刺激想法面。基本上，她的理論成為檢視其他
個案的工具，而這個理論在都市計劃的領域中仍舊有重要的
貢獻。

然而，概化並不是自動發生的。理論必須透過在第二
個或甚至第三個鄰里的研究中，能發現複現的結果來加以
測試，此時，理論已經預測了相同的結果應該會發生。一
但得到這種複現，即使還沒有進行進一步的重複研究，研
究結果也可以被接受應用在更多類似的鄰里中。如同表 2-
3 所示，這種**複現邏輯**同樣也構成應用實驗法的基礎（並
准許科學家由一個實驗推論到另一個實驗上），在本章後
面多重個案設計的部分會對此有更進一步討論。

信度

大多數的人大概都已經對這個最後的測試很熟悉了。
這個測試的目標，是要確定如果以後的研究者完全遵循跟
先前研究者所描述相同的程序，重新進行相同的個案研
究，那麼，後來的研究者應該要得到相同的研究發現和結
論。（注意所強調的是進行**同樣的**個案研究，而不是在其
他個案中「複現」個案的結果）。信度測試的目標就是要
減少研究的誤差和偏見。

先前的研究詳細記錄了研究進行的步驟，是其他研究
者能夠重複這個個案研究的前提。如果沒有紀錄，你甚至
可能沒有辦法重複你自己的研究（這是處理信度的另外一

37

種方法）。在過去，個案研究法的程序很少有完整的紀錄，這使得外界的評論者對於個案研究的信度有所疑慮。第三章中，將會討論使用**個案研究計畫書**（protocol），以詳細說明文件紀錄的問題，第四章則會說明**個案研究資料庫**的發展，這是處理信度問題的提出另一種方法。

　　處理信度問題的一般方法，是儘可能地在研究過程中，以操作化（operational）的方式來進行所有的研究步驟，並且就好像是有人正從你的肩膀後，看著你執行研究一樣。在會計和簿記中，執行者都認識到計算的結果必須要能被審查。就這個意義而言，審查員也是在做信度的檢查，而且如果採用相同程序的話，也必須要能得到相同的結果。因此，對個案研究而言，一個好的指導方針，是執行研究要使得審查員能夠重複研究的程序且得到相同的結果。

	單一個案設計	多重個案設計
整體性的 （單一分析單元）	類型一	類型三
嵌入式的 （多重分析單元）	類型二	類型四

表 2-4 個案研究的基本設計類型

資料來源：COSMOS Corporation

總結 這四個測試被認為和判斷一個研究設計的品質 **38**
有關，在設計和進行個案研究時，可以使用不同的作法來
處理這些問題，但並不是所有的作法都是在正式的個案研
究設計階段應用，其中有些作法是用在資料收集、資料分
析、或者是在撰寫研究報告的階段。也因此，這些作法在
這本書接下來的章節裡會有更詳細的描述。

個案研究的設計

有些一般性的研究設計特徵，可做為進行特定個案研
究設計的基礎。在此可以利用一個 2 乘 2 的矩陣，來討論
四種研究設計的類型（見表 2-4）。這個矩陣模型假設單
一和多重個案研究，反應了不同的設計情境，而且在這兩
種類型中，也存在著有單一或是多重的分析單元的差異。
因此，個案研究策略可以分為四個設計類型：（a）單一
個案（整體性的）設計、（b）單一個案（嵌入式的）設
計、（c）多重個案（整體性的）設計、以及（d）多重個
案（嵌入式的）設計。使用這四個設計類型的原因說明如
下。

可能的單一個案設計有哪些？

單一個案設計的原因　單一和**多重個案設計**是設計個案研究時的主要差異。這是指在資料收集之前，就需要先決定要利用單一或是多重個案研究，來回答研究的問題。

在一些情境下，單一個案研究是個合適的設計。首先，回憶一下單一個案研究和單一實驗法是類似的，許多可用來證明了單一實驗是合理的條件，也可證明單一個案研究是合理的。單一個案研究的一個原因，是該個案乃測試一個成熟（well-formulated）理論的**關鍵性個案**（請讀者再一次地注意到此一設計與**關鍵性實驗**的雷同處）。這些理論已經具體地說明了一組清楚的命題，以及這組命題適用的條件。測試理論時，一個滿足理論上所有條件的單一個案，可用來確認、挑戰、或者是擴充這個理論。因此，單一個案可用來決定一個理論的命題是否是正確的，或是是否有一些其他的解釋可能更為相關。就像 Graham Allison 比較三種官僚組織功能的理論以及古巴的飛彈危機（見第一章的方框二），用這種方法，單一個案可以得到對於知識和建立理論的重要貢獻。這種研究甚至可能影響改變未來一整個領域中研究的重點（見方框八有另外一個組織創新的例子）。

39

方框八
單一個案研究做為關鍵性的個案

選擇單一個案而不是多重個案研究的一個原因，是單

一個案呈現出一個重要理論的關鍵性測試。Neal Gross 等人在他們《組織創新的實施》（*Implementing Organizational Innovations*）（1971）的書中，也使用這種設計，研究單一學校。

選擇這間學校的原因，是因為學校在之前就有一段創新的歷史，因此不能說有「創新的障礙」。在一般的理論中，常指出這種阻礙經常是創新失敗的主要原因。Gross 等人的研究顯示出，這所學校中也有一項失敗的創新，不過這項失敗不能歸因於任何障礙。與其說是阻礙，還不如說是實施的過程造成了失敗的結果。

從此看來，這本書雖然侷限在一個單一個案上，卻呈現出在創新理論的分水嶺。在研究之前，分析者的重點在於確認障礙；但是自從這個研究之後，文獻受到實施過程的研究主導的程度更多。

單一個案的第二個原因，是該個案代表一種**極端或獨特的個案**。這在臨床心理學已經是很普遍的作法，由於特殊的傷害或是失能可能是很少見的，所以任何單一個案都值得記錄並分析。例如，某些病患沒有辦法認出熟悉的臉孔，這是一個極為少見的臨床症狀，只給他們視覺上的提示，這些病人沒有辦法認出他們所愛的人、朋友、名人的照片，或是（在某些個案中）他們自己在鏡中的影像。造成這個症狀的原因，是由於某些身體上的損害傷到腦袋。然而這種併發症狀很少發生，以致於科學家還沒法建立任何共同的類型（Yin, 1970, 1978）。在這種情形下，無論何時遇到有人得到這種叫做 prosopagnosia 的症狀，單一個案研究都是很適合的研究設計。個案研究可以紀錄這個人

臉部辨識上的明確性質，決定其能力跟殘疾，也可以確定相關的失調是否存在。

方框九

以揭露式個案做為單一個案

選擇單一個案而非多重個案研究的另外一個原因，是研究者可以接觸到一些之前科學觀察無法探究的情境。由於僅僅是描述性的資料就已經具有揭露性了，因此值得執行個案研究。

Elliot Liebow 的社會學經典《*Tally's Corner*》就是一個例子。這本書是有關一個黑人的群體，住在都市內一個窮困的區域。藉著幫助這些人，跟他們作朋友，作者也因此知道了他們的生活方式、他們的競爭行為、尤其是他們對於失業和失敗的敏感。這本書洞察了存在於美國很多城市中很長時間，不過文獻上卻仍然只有模糊的認識的一種次文化。這個單一個案顯示了如何進行這種主題的調查研究，也促進了許多進一步的研究，最後並影響到政策的發展。

單一個案研究的第三個原因是**揭露式個案**（*revelatory case*）。研究者如果有機會觀察和分析到一個之前科學研究無法探究的現象，就會出現這種情況。如先前在第一章的方框一中，Whyte 的 *Street Corner Society* 就是一個例子。另一個近代的例子是 Elliot Liebow 著名的個案研究《Tally's Corner》，這是個關於失業黑人的個案研究（見方框九）。Liebow 有機會認識了在華盛頓特區中某個鄰里的人，並獲悉他們的日常生活。由於之前很少有社會科學家有機會研究這樣的問題，他對於失業這個問題的觀察和

洞悉就成爲一個重要的個案研究，即使這種問題在整個國家中是很普遍的（跟少數和獨特個案有所區分）。當其他的研究者有類似的機會，而且可以揭開一些先前的科學家無法接觸的普遍現象時，這種揭露的本質使得使用單一個案成爲合理的選擇。

除了這三項執行單一個案研究的主要原因之外，也有一些其他情境是可能會用到單一個案研究。如做爲進一步研究的開場，就像是利用個案研究來進行探索，或者是作爲多重個案研究的先導個案。但是後面的這些的例子中，單一個案研究的部分並不能視爲一個完整的研究。

41

不論進行單一個案研究的原因是什麼（而且有可能比在這裡所提到的三個還要多），單一個案研究設計有一個潛在的弱點，一個個案有可能在日後被證明不是我們一開始所想的那個個案。因此，單一個案設計需要謹慎小心地調查潛在的個案，以減少錯誤表達的可能性，並加強收集所需的個案證據。一個合理的忠告，是除非這些主要關切的事務都已經考慮清楚，不要承諾把自己都投注在一個單一的個案之中。

整體性相對於嵌入式的個案研究　同樣的個案可能包含一個以上的分析單元。如果在一個單一個案中，也注意到子分析單位時，就會發生這種情形（見方框十）。舉例來說，即使一個單一個案研究可能是跟某個公共計劃有關，分析有可能會包括計劃中一些個別專案的結果（而且甚至有可能是大量專案的量化分析）。在組織的研究中，嵌入式的單元也有可能是一些「過程」的單元—如會議、

角色、或地區。在這些情境中，可以透過抽樣（sampling）或是群集技術（cluster techniques）來選擇嵌入式的單位（McClintock, 1985）。無論如何這些單元被挑選出來了，而最後的設計可以稱為一種**嵌入式的個案研究設計**（見表 2-4，類型二）。相反地，如果個案研究只檢查一個計劃或組織整體的本質，那麼就是使用**整體性的設計**（見表 2-4，類型一）。

42

方框十
一個嵌入式的單一個案設計

  Union Democracy（1956）是由三個著名的研究院院士——Seymour Martin Lipset，Martin Trow 和 James Colemang 所作，受到高度重視的個案研究。這個個案研究跟國際印刷工會（International Typographical Union）內部的政治活動有關，並且包含了**數個**分析單元（參見下表）。整體而言，其主要的單元是組織整體，最小的單元則是個別的成員，還有幾個中間的單元也很重要。在不同的分析層次中，使用了不同的資料收集技巧，包括了從歷史研究到調查研究都有。

  單一個案研究這兩種不同的變異都有不同的優點和缺點。在無法確認具有邏輯性的子單位，或是當個案研究相關的理論基礎本質上就是整體性的時候，整體性的設計是有益的。然而，如果整體的取向使得研究者可以不去檢視任何特殊現象的操作性細節時，潛在的問題便會浮現。整體性設計的另外一個典型的問題，是整個個案研究可能會

在抽象的層次進行，而缺少任何清楚的測量或是資料。

資料的種類（續方框十）				
描述的單元	整個系統	中間單元		個體
	議題；職業上的資料；工會法律；政治；歷史資料；會議報告	當地的歷史以及投票紀錄；地區性議題；地區的大小	地方性單位的投票紀錄；地方性單位的大小	與領導者的訪談	與抽樣對象的訪談
以 ITU 為整體	結構的、環境的、以及行為的特質	利用推論、傳播網路（結構的）			
當地居民	行為的特質（如好戰鬥性）	行為的特質、規模	利用推論、傳播網路（結構的）	結構的、環境的、以及行為的特質	
地方性單位			行為的特質、規模		個人特質的分佈
人所處的其他社會環境	社會風氣，由主導議題及選舉結果來推論	社會風氣，由主導議題及選舉結果來推論			教堂主席屬性、朋友屬性
個人	利用推論、主流價值及利益	利用推論：價值、利益、及忠誠（如對當地的或對國際的）	利用推論：價值、利益、及忠誠（如對地方或對其單位）	利用推論：價值	行為、背景、價值、屬性

資料來源：Lipset, Trow, & Coleman （1956, p. 422），取得複製許可

　　整體性設計進一步的問題，是整個個案研究的本質可能會在研究進行期間有所改變，但研究者卻一無所知。一開始的研究問題可能反應出一個取向，但是在個案研究進行時，可能會浮現出不同的取向，而且證據也開始指出不同的問題。雖然有些人聲稱這種彈性是個案研究的優點，

但事實上，對於個案研究最大的批評就在這種改變，此時起初的研究設計就已經不再適合所研究的問題了（見 Yin, Bateman, & Moore, 1983）。由於這個問題，這種非預期中的改變需要避免，如果相關的研究問題真的改變了，那麼你就應該用新的研究設計，重新開始研究。設定一組研究的子單位是用來增加對於這種變動的敏感度的方法，一份嵌入式的設計可以利用這些子單位，作爲使個案研究探究聚焦的重要方法。

　　不過，嵌入式的設計也有一些易犯的錯誤。主要的問題發生在個案研究只著重子單元層級而無法回到更大的分析單元。例如，一個以專案特徵做爲分析子單元的計劃評鑑研究，如果在較大的單元——也就是「**計劃**」，沒有進行探查的話，就變成了對專案的研究。同樣地，組織氣氛的研究可以以每一個員工做爲研究的子單位，但是如果研究只著重在個別的員工上，那麼研究事實上會變成一個對員工的而非對組織的研究。此時一開始感到興趣的現象（組織的氣氛），已經變成了研究背景而非研究的目標。

　　總結　單一個案是進行個案研究時很常見的設計，而我們也描述了兩種不同的類型：包括了整體性的設計還有使用嵌入式分析單元的設計。總結來說，單一個案研究在某些情況下明顯是合理的：個案展現出對已存在理論的關鍵性測試、個案是少見或獨特的事件、以及個案能滿足揭露性的目的時。

　　定義分析單元（或者是個案本身）是設計和執行單一個案研究時一個主要的步驟。必須要有一個操作上的定

44

義，在完全投入一個個案研究之前，也必須採取一些預防措施，以確保個案事實上跟我們有興趣的議題和問題相關。

在單一個案內仍有可能混合了分析的子單元，也因此發展出更複雜的嵌入式設計。這些子單元經常能提供許多多方面分析的機會，並增加對單一個案更深刻的認識。然而如果太過於注意這些子單元，而忽略掉個案更大的、整體性的層面，個案研究本身的取向和本質就會改變。事實上這種變動有可能是合理的，不過他不應該好像要給研究者一個驚喜似的，就那樣出現。

可能的多重個案設計有哪些？

同樣的研究可能包含一個以上的單一個案。出現這種情形時，研究必須使用多重個案設計，近年來這種設計已越來越常被人使用。一個常見的例子是學校創新的研究（如開放式教室、教師助理、或是新的科技），此時相互獨立的創新活動會在不同的場所出現，因此每個場所都可以是個別個案研究的主題，而整體的研究則用多重個案設計。

多重相對於單一個案設計 在某些領域中，多重個案 **45**
研究和單一個案研究已經被視為是不同的「方法論」。舉例來說，在人類學跟政治學這兩者中，已經建立了一套進行單一個案研究研究的原因，以及另外一套進行被視為是「比較的」（或者是多重個案的）研究的原因（見

Eckstein, 1975; George, 1979）。然而,由本書的觀點來看,單一和多重個案設計間的選擇仍舊是在相同方法論的架構中,而且在所謂傳統(亦即是單一)個案研究和多重個案研究之間,並沒有很大的不同,這只是在同樣的個案研究策略下,兩種不同的研究設計之中選擇其一而已。

多重個案研究跟單一個案研究比較起來,有不同的優點和缺點。由多重個案得到的證據,通常都被認為是較強而有力的,也因此整個研究常被認為是較為穩健的(robust)(Herriott & Firestine, 1983)。然而,多重個案研究通常無法滿足採用單一個案設計的原因,如例外或少見的個案、關鍵性的個案、以及揭露式的個案等,從定義上來看可能都只包括單一個案。此外,執行多重個案研究可能會需要大量的資源和時間,遠超過一個學生或是獨立研究者能負擔的程度。

因此,研究者不能輕率地就決定了要進行多重個案研究,研究的每個個案對探究的問題範圍,都應該滿足一個特定的目的。在這一點上,**將多重個案視為多重實驗是一個重要的看法**,也就是說採取「複現」的邏輯。這跟過去將多重個案視為調查研究中的多重受訪者(或是在**單一實驗中**的多重受測者),也就是遵循「抽樣」邏輯的這種錯誤類比有很大的不同。由複現和抽樣邏輯根本原因的不同,可顯示這兩個觀點間在方法論上的差異。

多重個案研究是複現而非抽樣邏輯　複現邏輯和多重實驗中用的方法類似(見 Hersen & Barlow, 1976)。如果有一個人能接觸到在心理學或是醫學中,三個某種罕見臨

床症狀的個案，適當的研究設計，是預測在這三個個案中會得到相同的結果，並且也得到了這三個個案的確產生同樣併發症的證據。如果這三個個案都得到相類似的結果，那麼就可以說得到了複現的結果。不論研究者是在重複某些關鍵性實驗；或是由於經費或難以在動物身上進行外科處理的限制，而只能有少數的個案；或是臨床症狀極為稀罕的限制，複現的邏輯都是相同的。在這些情境中，獨立的個案或受測者跟單一實驗法是類似的，這些情境須採用跨實驗（cross-experiment）的分析，而非實驗內（within-experiment）的設計和邏輯。

使用多重個案研究的根本邏輯也一樣，每個個案都必須要小心地選擇，它的目的不是要（a）預測類似的結果（一種**原樣複現**）（a *literal replication*），就是（b）由可預測的理由，產生不同的結果（一種**理論複現**）（a *theoretical replication*）。在一個多重個案設計中，有效執行六個或十個個案研究的能力，跟執行六到十個相關主題的實驗的能力是類似的，其中少數的個案（兩個或三個）可能會是原樣複現，而其他個案（四個到六個）可能會設計來進行兩種不同類型的理論複現。如果所有個案的結果和預測都相同，那麼可以說這六到十個個案整體來說，應該對一開始的這一組命題提供了強而有力的支持，如果這些個案有某些地方互相矛盾，那麼就應該修改一開始的命題，並且利用另外一組個案重新測試。同樣的，這個邏輯跟科學家處理矛盾的實驗結果所用的方法類似。

```
┌─────────────────────────────────────────────────────────┐
│                       方框十一                            │
│             多重個案研究和一個政策導向理論                │
│                                                           │
│      在 1970 和 1980 年代的國際市場中，日本的傑出表現     │
│  受到了普遍的注視，他的實力可以歸因於集權規劃扮演的角     │
│  色以及政府機構的支援。相對地，美國被認為不具有相似的     │
│  支援結構。Gregory Hooks 有一份極佳的個案研究（1990）    │
│  指出了一個議者常常會忽略掉的反例：在國防相關產業中，     │
│  美國國防部所實施的產業規劃政策扮演的角色。               │
│      Hooks 提供了航空業和微電子業這兩個個案的量化資       │
│  料，其中一個產業要比另外一個更倚賴政府。不過在兩個個     │
│  案中，Hooks 的證據顯示出國防部如何透過財務支援、確保     │
│  需求、以及贊助研發來支援這些產業的發展。                 │
└─────────────────────────────────────────────────────────┘
```

　　在這些複現的程序中，建立豐富的理論架構是一個重要的步驟。這個架構必須要能指出，某個特定的現象在哪些條件下可能被發現（一種原樣複現）、以及在哪些條件下不可能被發現（一種理論複現）。理論架構日後會變成推論到新個案的工具，同樣的這也跟它在跨實驗設計中扮演的角色類似。就像實驗科學一樣，如果有一些實徵個案和預測不一樣，那麼就必須對理論做一些修正。還要記得的是，理論可以是實務性而不一定要是學術性的，方框十一中的多重個案研究（兩個個案）是一個極佳的例子，這份研究用一個實務的、政策導向的理論將個案資料和結論結合在一起。

方框十二
一個多重個案，複現的設計

在 1960 和 1970 年代有一個普遍的問題，是市政府如何得到好的忠告。Peter Szanton 的書《沒有得到好勸告》（*Not Well Advised*）（1981），檢視了很多大學和研究團體試圖要跟城市官員合作的經驗。

這本書是關於個案研究複現設計一個極佳的例子。Szanton 以八個個案研究開始，顯示出不同大學的團體在幫助這些城市時都失敗了。這八個個案是有效的「複現」，能說服讀者相信這是一個普遍的現象。然後 Szanton 提出另外五個個案研究，其中大學以外的團體也失敗了，因此失敗並不是由學術組織的特質所造成的。此外，第三組個案則顯示出大學的群體如何成功地幫助企業、工程公司、以及市政府外的其他部門。最後，一組三個個案顯示出，少數可以幫助市政府的團體不只會幫忙產生新的想法，還會關心如何實施的問題，因此推導出一項主要的結論，也就是市政府在接受忠告上可能有其獨特的需求。

Szanton 的這四組個別個案研究，說明了原樣複現的原則，而跨組的個案則說明了理論複現，這種具說服力的個案研究設計可以並且也應該應用在許多其他的主題上。

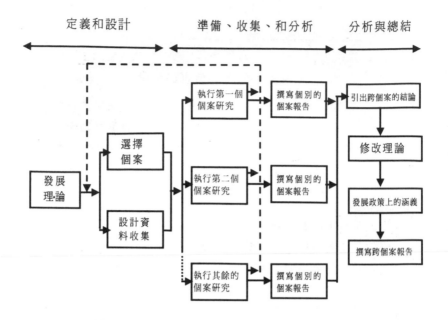

表 2-5　個案研究的方法
資料來源：COSMOS Corporation

　　再舉另外一個例子，有人可能會提出這樣的啓始命題，認爲當微電腦技術同時用在行政管理和教學中，而非只用在其中之一時，微電腦在學區中的使用會增加。利用多重個案設計來研究這個命題時，可能會選擇三至四個有這兩種類型應用的個案，以確定事實上微電腦使用是否真的在一段時間內增加了（此調查預期在這三或四個個案中應該會有原樣複現）。研究者還可以選擇三個到四個額外

的個案，微電腦只有用在行政管理上，並且預測使用增加很少（預期一個理論複現）。最後，研究者可以選擇三或四個只有在教學上應用的個案，同樣地，預測使用的增加很少，但是其原因跟只用在行政管理上的個案不同（另一個理論複現）。如果在所有這些多重個案結果中的確發現到這樣的類型，這九到十二個個案整體來講，就提供了初始命題實質的支持。（見方框十二中另一個由都市研究的領域而來的多重個案複現設計的例子。）

　　不論是應用在實驗或是個案研究上，這種複現邏輯都必須要跟在調查研究中普遍使用的抽樣邏輯有所區別。根據抽樣邏輯，一些回答者（或是受測者）假設能「代表」更大一群的回答者者（或是受測者），所以由這一小群回答者所得到的資料就假設可以代表由整群回答者收集而來的資料。

　　這種抽樣邏輯需要有一個包括整個群體或者所有可能的回答者的操作性一覽表，還有用來選擇特定受訪者子集合的統計程序。當研究者對於決定特定現象的普及性或頻率有興無、而且調查整個群體的成本太高或是不切實際時，都可以使用這個邏輯。實際上從樣本中最後得到的資料是假定可以反應整個群體，並且會利用推論統計來建立事實上這個陳述是正確的的信賴間隔。

　　任何個案研究上應用這種抽樣邏輯都可能是誤用。首先，個案研究通常都不是用來評鑑現象發生的範圍。第二，個案研究必須包含有興趣的現象以及他的背景，這產生大量潛在的相關變數，因此這可能會需要數量上大到不

可能的個案，也由於數量太大，因此無法用任何統計方法來處理這些相關變數。

第三，如果抽樣邏輯必須應用在所有類型的研究中，許多重要的主題可能無法做實徵的探究。例如你要研究美國總統職位的角色，而且你想要從領導的角度來研究在職者的行為。要忠實的呈現複雜的現實，領導的觀點如果沒有包含上百個相關變數，至少也混合了數十個。由於這個國家從一開始到現在也只有 42 位總統，任何抽樣邏輯的確有可能在這種情形下被誤用。此外，你可能沒有足夠的資源能進行所有 42 位在職者的完整研究（即使你有，相對於你所有的 42 個資料點，你要處理的變數還是太多）。這類型的研究就是沒有辦法用抽樣邏輯進行；不過，如果遵循複現邏輯，這個研究是明顯可行的。

表 2-5 說明了多重個案研究的複現方法（這個圖表取自一項對個案研究方法的研究，見 Yin, Bateman, & Moore, 1983）。圖表中顯示所設計的研究，必須由發展理論開始，然後說明個案的選擇、以及定義特定的衡量方法，也都是設計和資料收集過程中的重要步驟。每個獨立的個案研究是一個「完整的」研究，也就是尋找關於個案事實和結論的收斂性證據，而每個個案的結論都被當作是需要由其他獨立個案複現的資訊。獨立個案和多重個案兩者的結果，都可以而且也都應該成為結果報告的重點。針對每一個獨立的個案，這個報告應該指出個案如何以及為什麼顯示（或是未顯示）出了某個特殊的命題。跨個案的報告應該要指出複現邏輯的範圍，並說明為什麼某些個案會預測

有某些特定的結果，而另外的個案（如果有的話）則預期了相反的結果。

再重複一次，表 2-5 敘述了一個跟抽樣邏輯設計大不相同的邏輯。察覺這個差異是一個很困難的步驟，因此在進行任何個案研究設計之前，都很值得跟同事做多方面的討論。

使用多重個案設計時，你會遇到的一個進一步的問題，就是要決定你的研究必須或是足夠的個案**數目**。然而因為不應該用抽樣邏輯，所以有關樣本大小的判斷準則在這裡也不適用。你反而應該把這個問題，看做是反應出你想要在你的研究中包含的，原樣或理論的複現個案的數目。

關於原樣複現的個案數目，可以用統計研究中用來建立顯著水準的選取標準做適當的類比。像許多「p<.05」或「p<.01」的選擇並不是根據任何公式而來的，而純粹只是一個任意判斷的決定，同樣的複現數目的選擇，就決定於你對多重個案結果所想要達到的確定性而定（就像要達到較高的統計顯著水準標準一樣，越高的確定性就要有越多的個案）。例如，當對立的理論差異很大，而且所要處理的議題並不需要極度的確定性時，你可能會勉強接受兩個或是三個原樣複現個案。然而，如果你的對立理論僅有隱約的差異，或是你想要高度的確定性時，你可能會需要五個、六個，或是更多的複現個案。

關於理論複現的個案數目，重要的考量跟你對外在效度範圍複雜度的感覺有關。當你不確定外在的條件是否會

產生不同的個案研究結果時，你可能會想要在研究開始的時候，就更明確的表達這些相關條件，並且用來確認出研究中所包含的許多個案。舉例來說，先前討論外在效度所用的鄰里的例子中（見標題為「外在效度」的部分），對政策研究來說，一般關心的重點是（如：Majchrzak, 1984）民族上、種族上不同的鄰里，其沿襲的改革過程通常不會類似。因此，上流階級化的研究可能會想要包含不同民族或種族的數個個案（而在每一個個案類型中，仍然會想要最少兩個或三個原樣複現）。相反地，如果不認為外在條件會造成我們所研究現象的變異，所需要的理論複現數目就比較少。

51 **多重個案研究：整體性的或是嵌入式的** 一個研究需要採用多重個案研究設計這個事實，並不會影響到稍早在單一個案中所提出的變異：每個獨立的個案仍然有可能是整體性的或是嵌入式的。換句話說，多重個案研究可能是由多重整體性的個案（見表 2-4，類型三）或是多重嵌入式的個案所組成（見表 2-4，類型四）。

這兩種研究之間的差異決定於所研究現象的類型。在嵌入式設計中，甚至可能需要在每個個案研究的場所進行問卷調查。舉例來說，假設研究跟不同社區的心理健康中心所提供的服務有關（見 Larsen, 1982）。理所當然地，每一個中心都可以是一個個案研究的主題，理論的架構可能指出研究中要包含九個中心，用三個來複現理論的結果（原樣複現），其他的六個則處理對立的條件（理論複現）。

在這所有的九個中心中，會使用嵌入式的設計，進行對顧客的調查研究。然而，每一個調查的結果將**不會**跨越不同的中心而彙總運算。更確切地說，調查的資料只會是每個獨立的中心或個案中結果的一部份。這些資料有可能會是數量的，著重在每個顧客的態度和行為，而且這些資料會跟檔案紀錄一起使用，用來解釋這間心理健康中心的運作和成功。相對地，如果調查的資料越過不同的中心彙總在一起，那麼就不是使用多重個案研究的設計，這個研究可能要用調查研究而不是個案研究設計的方法。

總結 這節介紹了多重個案研究法應用的情形。這種類型的設計已經變得越來越普遍，不過要進行這種研究比較昂貴，而且要用的時間也比較多。

任何一個多重個案研究的設計，應該要遵循複現而不是抽樣的邏輯，而且研究者必須要小心選擇每一個個案。個案的功用在某種程度上類似於多重實驗，其中包括了在研究一開始，就明確預測出會有的類似結果（原樣的複現），以及對立的結果（理論的複現）。

複現的設計並不會限制每一個個案一定要是整體性或是嵌入式的，在多重個案研究設計中的個別個案有可能是這兩種其中之一。當我們使用嵌入式設計時，事實上每一個個別的個案研究可能包括了數量資料的收集與分析，其中也包括了在一個個案中使用調查研究。

如何維持個案研究設計的彈性

最後要提醒，個案研究設計並不是只有在研究一開始的時候才能完成的東西，在研究的起始階段之後，設計也可以修改，但這需要在一些嚴厲的條件下才會被接受。

舉個例子，**先導**（*pilot*）個案研究可能會顯示出起始的設計並不恰當，或是可能幫助釐清這個設計。在單一個案研究設計中，一開始被認爲是揭露性或獨特性的個案，最後的結果可能發現不是這樣。如果是多重個案設計，個案的選擇就可能會因爲新的個案資訊而必須修改。換句話說，在經過早期的資料收集和分析之後，研究者有充分的權利來斷定一開始的設計有缺點，並且修改這個設計。這是先導研究適當的也是我們希望能達到的功用（其他關於先導個案研究的說明見第三章）。

同時，研究者也必須要小心，不要不經意的變更了理論的主題或目標。如果發生了這類改變，而不是個案本身的改變，那麼研究者就會被指控在執行研究和解釋研究結果時有偏見。這是由於個案研究設計的彈性，是來自於**選擇跟那些一開始就確認的個案不一樣的個案**（必須有關於這個變更的適當文件），而並不是改變研究的目的或主題，以配合所發現的個案。前者的情況，很像是發現實驗步驟明顯的不可行時改變實驗；而後者的改變是較隱約但是不合理的。

習題

1. **定義個案研究的範圍** 選擇一個你想要進行的個案研究的主題，確定你的個案研究所要回答的一些基本問題。列出這些問題是否有助於釐清你的個案的範圍？當你考慮到收集證據所需的時間？相關的組織或地理區域？所應該收集的證據類型？或是進行分析的優先順序？

2. **定義個案研究的分析單元** 閱讀《新機器的精神》（*The Soul of a New Machine*）這個個案研究。書中主要的分析單元為何？你還會想到哪些其他的研究單元？在這些單元中你如何做選擇？找一些其他的個案研究，也做同樣的練習。

3. **定義個案研究的研究設計** 選一個本書方框中的個案研究。敘述這個個案研究的研究設計。他如何證明所要找的相關證據，對於要回答的基本研究問題是合理的？以所收集的證據為基礎，他用什麼方法來引出結論？這是單一的還是多重的個案設計？它是整體性的，還是有嵌入式的分析單元？

53

4. **建立應用單一或多重個案研究的原因** 列舉使用

單一個案研究設計的原因，也列舉出使用多重個案設計的原因。從這本書的方框中所描述的個案研究，或是從你所熟悉的其他個案研究中，爲每個類型的個案研究舉例。每一種類型設計的優點爲何？

5. **定義評鑑研究設計品質的準則**　定義這四個用來評鑑研究設計品質的準則：（a）構念效度，（b）內在效度，（c）外在效度，以及（d）信度。針對你可能想做的個案研究，舉例說明每個準則的意義。

註釋

1. 表 2-2 只著重在正規研究設計的過程，而不是收集資料的活動。對所有這三個類型的研究來說，資料收集的技術可以描繪爲第三個層級，並且也包括了推論：例如對個案研究，這可能包括在證據收斂的類型中尋找型態，在第五章會有進一步的說明；類似的資料收集技術也可以用來描述調查和實驗研究法：例如對調查研究的問卷設計，或是實驗研究中給予刺激策略。

3

執行個案研究：資料收集的準備

　　進行個案研究所需要的準備，包括了研究者事前所需要具備的技巧、對特定個案研究的訓練和準備、發展個案研究計畫書、以及進行先導個案研究。許多人對於事前所需具備的技巧都有一個錯誤的觀念，他們認為這個方法很容易使用，因此相信自己有足夠的技巧來進行個案研究。事實上，個案研究卻屬於最難的一種研究方法的類型之一。

　　為幫助研究者為一個高品質的個案研究做好準備，應該要規劃密集的訓練研習、要發展個案研究計畫書並多加琢磨、最後並要進行先導研究。如果研究是以多重個案設計為基礎、或者包含了多個研究者（或兩者都是），那麼會特別需要這些程序。

　　在第一章和第二章中，已經說明的進行個案研究，是從定義要研究的問題或議題，以及發展個案研究設計開始的。雖然如此，大部分人還是把「進行」個案研究和收集個案研究的資料聯想在一起，本章和下一章就是著重在資

料收集這個活動。本章是有關於對收集資料的準備，下一章則包括收集資料本身所用的的技術。

　　準備收集資料可能是複雜而且困難的，如果沒有好好的準備，整個個案研究的調查可能就會有危險，而所有問題定義和個案研究設計等初期工作，都將會成爲枉然。

　　對於個案研究的調查者而言，好的準備是以由**需要的技巧**開始的，這些技巧在過去很少受到單獨的注意。然而，有一些技巧是很重要，而且可以學習和練習的。另外，還有三個主題，應該是任何個案研究準備正式的一部份：對特定個案研究實施的**訓練**，發展研究的**計畫書**，以及進行**先導個案研究**。對增加個案研究信度的問題，計畫書是特別有效的方法。然而，對於確保個案研究執行具有高品質，而且受到妥善的管理，必須要上述這四個工作都能成功。所有這一切都需要很大的耐心，但這在過去卻常常被忽略掉，本章的其餘部分將會討論這些主題。

個案研究的研究者：需要的技巧

　　有太多太多人被個案研究策略吸引的原因，是因爲他們相信個案研究是「容易的」。如同在第一章中提到，很多社會科學家，尤其是新進的，認爲他們毫無困難地就可以精通個案研究策略。他們以爲進行個案研究只需要學習一小組的技術程序，跟任何正式分析技巧上的缺陷都沒有

關係，而個案研究容許他們只要「像是在陳述事實」。沒有比這些看法，距離事實更遙遠的了。

事實上，個案研究在個人的智力、自我、和情緒上的要求，遠大於任何其他的研究策略，這是因為收集資料的程序並**不是**一成不變的。例如，在實驗室實驗或是在調查研究中，一個研究計畫的資料收集階段如果不是全部，最少大部分都是由研究助理所執行的，這些助理以差異最少的方式來進行資料收集，從這個角度來說，這個活動是一成不變，而且是無聊的。但在進行個案研究時，並不是這樣子。

事實上，這一章從頭到尾所要強調的重點，是收集個案研究資料所需的技巧，比起在實驗法和調查研究中所要求的更多。在個案研究中，對於傳統的研究助理而言只有極少的空間。更確切地說，因為需要在研究的理論議題和收集的資料間持續的互動，要進行一個高品質的個案研究，訓練良好和經驗豐富的研究者是必須的。在資料收集期間，只有有經驗的研究者能夠善用非預期中的機會，而不會受到限制，並且也能充分地注意到並應付潛在會產生偏差的程序。

但不幸的是，沒有任何測驗可以用來決定哪些人比較有可能成為好的個案研究者，哪些人比較不可能。把這種情形跟在第一章中曾簡略提到，在數學上或甚至是像律師這樣的職業做比較。在數學上，人們可以幫自己的數學能力打分數，當他們不能算出某個程度的數學問題時，也可以先阻止自己嘗試進一步的問題。同樣地，要從事律師工

56

作，這個人首先必須取得法學院的入學資格，日後還得通過某一州的律師檢定考試。很多人也因無法通過這些考試之一，而和這個領域隔離了。

並沒有任何工具可用來評鑑個案研究的研究技巧，但無論如何，還是可以列出一份通常所需要的技巧，一個個案研究的研究者：

- 應該要能夠**問好的問題**，並且解釋答案。
- 應該**是好的「聆聽者」**，不會被他或她自己的意識型態，或是先入為主的觀念所限制。
- 應該**有適應性且具有彈性**，所以遇到新的狀況時，會當做是機會而不是威脅。
- 必須要**能掌握正在研究的議題**，不論是在理論或是政策導向，甚至是探索性的研究中都一樣，這種掌握的能力可將所要搜尋的相關事件及資訊集中在一個可管理的範圍內。
- **不應該因事前的想法而產生偏見**，這也包括那些從理論而來的想法，因此，研究者應保持敏感而且能夠回應矛盾的證據。

以下將分別討論這些特質，很多特質都是可以矯正的，任何人若是缺乏其中某些技巧，也可以試著發展這些技巧。不過，每個人首先都必須誠實的評鑑自己的能力。

問問題

　　一個愛追根究底的腦袋，是資料收集資料**期間**最重要的前提，而不是只有在其前後而已。資料收集遵循一個正式的計畫，但是跟個案研究可能相關的特定資訊並不全是可以預期的。當你在進行田野研究時，必須時常問自己，為什麼會發生或將要發生某些事件。如果你能夠提出好的問題，在一天的田野工作結束時，你在心靈上和情緒上都會筋疲力盡。這跟收集實驗或調查研究資料的經驗大大不同，這些活動可能會讓一個人身體上筋疲力盡，可是經過了一整天的資料收集活動後，精神上卻可能還沒有受到任何磨難。

　　問好問題的一個重點，就是要了解到研究是跟問題有關，但卻不一定會跟答案有關。如果你遇到一個暫時性的答案，就馬上可以產生一群完全新的問題，而這些問題最後又會聚集在某個關於這個世界是如何，以及為什麼如此運作的探究上，那麼你很可能就是個好的發問者。

「傾聽」

　　一般而言，傾聽包括了觀察和感受，而不是只限定在耳朵的聽覺上。身為一個好的傾聽者，意謂著要能毫無偏見地吸收大量的新資訊。當一個受訪者詳述某個事件時，好的傾聽者會聽到受訪者所使用的確切的詞彙（有時候，專用術語會反應重要的傾向）、會捕捉住情緒和情感的成

57

分，也因此了解到受訪者所認識的世界之情境。

　　這類技巧也需要應用在檢視文件證據，以及直接觀察真實的生活狀況上。在檢視文件所要問的一個好問題，是在線索之間是否存在重要的訊息。當然，任何推論都需要以其他資訊來源來證實，但是從這些問題中就可以得到深刻的理解。蹩腳的「傾聽者」甚至可能無法察覺線索之間可能存在資訊，其他的問題還包括了想法封閉，或者真的是記憶力不好。

適應性和彈性

　　只有極少的個案研究結束時會完全如同計劃一樣。就算不是重大的，你不可避免的，也必須做某些次要的改變，可能是需要追尋一個非預期的線索（可能是次要的），或是要定義一個要研究的新「個案」（可能是重大的）。有技巧的研究者一定會記得研究最初的目的，不過如果發生了預料之外的事件，也必須要願意改變研究的程序或計劃（見方框十三）。

　　當你做了一些變動以後，你還是必須要維持沒有偏見的觀點，並且要能認識到事實上在某些狀況下，可能已經展開了一個全新的研究。當這種情境產生時，包括一開始個案研究設計在內的很多步驟，都需要整個重新進行並且記錄下來。對進行個案研究最嚴重的抱怨之一，是研究者改變了方向，可是卻無視於一開始的研究設計並不適合修改過後的研究，因而造成了許多未知的

歧異與偏見。因此，最重要的是要取得適應性跟**嚴謹**中間的平衡，而嚴謹並非僵固。

58

> ### 方框十三
> ### 在設計個案研究時維持彈性
>
>   Peter Blau 對於大型政府機構行為的研究（The Dynamics of Bureaucracy, 1955），由於對工作群體中正式和非正式組織間關係的洞察，到目前為止都仍然有很高的價值。
>
>   雖然這個研究著重在兩個政府機構，但這並不是 Blau 一開始的設計。就像作者提到的，一開始他想要研究一個單一的組織，但是後來計畫卻轉換成比較兩個組織－－一個是公家的，另一個是私人的（272-273 頁）。不過，他試圖要進入私人公司研究卻失敗了，而就在這段時間裡，他已經提出了一個更強的理由，來比較兩個不同類型的政府機構。
>
>   這些與初始計劃不同的變動，是個案研究設計中可能發生的改變類型的例子，Blau 的經驗指出了一個有技巧的研究者，如何利用改變的機會，並移轉理論的焦點，創造了一個經典的個案研究。

掌握研究中的主題

   當然，要持續對準目標的主要方法，就是在一開始就要了解個案研究的目的。每一個個案研究的調查者必須要了解理論上或是政策的議題，因為資料收集階段中必須要做一些評判（並運用智慧）。如果沒有確實的掌握主題，

就可能會遺漏掉重要的線索，也無法知道什麼時候變異可以接受，或甚至是你所希望的。重點是，在個案研究中，資料收集並不像它在其他類型的研究中一樣，收集個案研究資料並不僅僅是用技巧性的方法**記錄**資料而已，你必須要能夠解釋，而且要能馬上了解正在收集中的資訊，例如有些資訊來源跟另外一個相矛盾，因而需要額外的證據，這個活動更像一個有本事的偵探所從事的工作。

事實上，偵探的角色能夠深刻的說明個案研究的田野調查。特別注意偵探到達現場時，已經是在犯罪活動發生*之後*，他們的工作是要推論出發生的事情，這些一個接一個的推論必須以由目擊證人、實體的物證、和一些非特定的常識所收斂到的證據為基礎。最後，偵探可能必須要做多重犯罪的推論，以決定是否都是同一個罪犯所為，最後這個步驟跟多重個案研究所用的複現邏輯類似。

59　不具偏見

如果研究者只是意圖要用個案研究來證實事先所設想的情況，所有前面所列的這些條件都是沒有意義的。因為個案研究的調查者必須要了解研究議題並運用其判斷力，他們特別容易會有這種問題（見 Becker, 1958, 1967）。相對來說，傳統的研究助理雖然機械化，甚至可能是懶惰的，但卻不可能在研究中造成偏見。

可以用你願意接受相反的研究發現的程度，來測試這種可能的偏見。例如研究者研究「非營利性」組織，可能

會驚訝於發現到很多這類組織所擁有的企業家精神和資本家的的動機，如果這些發現來自於強而有力的證據，那麼個案研究的結論就必須要反應出這些反面的結果。在收集資料的階段，就向兩個或三個同事報告你初步的研究發現，可測試你是否能接受這些反面的結果，這些同事應該能提供不一樣的解釋和對資料收集的建議。如果探索反面的結果而得到了反駁的憑證，就減少了存在偏見的可能性。

特定個案研究需要的訓練和準備

了解每一個個案研究的研究者都必須要能夠像「資深的」研究者一樣作業，是了解收集個案研究資料所需訓練的關鍵。在田野中，每一個個案研究的田野工作者都是個獨立的研究者，而且不能依賴死板的公式來決定他或她的活動，研究者必須要能夠對所要收集的資料做出明智的決定。

就這個意義而言，一個個案研究者的訓練，實際上是以定義研究的問題，以及發展個案研究設計開始的。如果這些步驟都已經像第一章和第二章所敘述的圓滿完成，那麼進一步需要作的工作就很少了，尤其是只有一個個案研究者的時候。

不過，由於以下三個原因之一，個案研究通常必須要依賴**多位研究者：**

1. 單一個案在同一個場所中要密集的收集資料,因此需要一個「團隊」的研究者(見方框十四);
2. 個案研究包含多重個案,需要不同的人負責不同的對象,或在這些對象間輪替;或者是
3. 結合前面兩種情形的狀況。

方框十四

田野研究的後勤支援

大約於 1924-1925

對於個案研究的管理而言,安排時間表並且能接觸相關證據的來源是很重要的。現代的研究者可能會覺得,這些研究活動是隨著 1960 到 1970 年代「巨型」社會科學("big" social science)的成長才逐漸出現的。

然而,在七十年前所進行的一個著名的田野研究中,就已經實施過了許多同樣的管理技巧。此研究兩個主要的研究者和他們的秘書,在他們所研究的城市中建立了一間辦公室,而這間辦公室在後來的一段時間中也提供給其他計劃的工作人員使用。從這個優越的位置,研究團隊參與了當地的生活、檢閱了文件的紀錄、彙編當地的統計資料、進行訪談、分發並收集問卷,這個多方面的田野調查工作的研究結果,在五年後由 Robert Lynd 和 Helen Lynd 出版了《*Middletown*》(1929)一書,現在已成為美國小城鎮研究的經典著作。

除此之外,一些研究團隊的成員,可能沒有參與一開始研究定義或設計的階段。在這種情況下,正式的訓練和

準備是在收集實際資料時不可或缺的前奏曲。

個案研究訓練是一種研習的經驗

　　訓練一群研究者時，機械式的講授無法訓練出「經驗豐富」的研究者，而需要用研習的方式。在研習活動中，參與者必須要花很多時間來閱讀、準備訓練的議程、並進行這些議程。在大多數的例子中，研習活動至少需要一個星期的準備和討論（見表 3-1，一個訓練議程的範例）。

Ⅰ. 個案研究的目的

Ⅱ. 田野工作

Ⅲ. 個案研究的任務

　　A. 方針與準備

　　B. 接觸研究對象，以及安排旅行

　　C. 進入研究場所

　　D. 撰寫個案研究

　　E. 研究報告草稿的檢視和認可

　　F. 接觸下一個個案研究對象並安排旅行

Ⅳ. 訓練的工具

　　A. 閱讀研究概要、訪談指引、以及程序的提示

　　B. 閱讀進行田野研究的說明：如何觀察與傾聽，包括

　　　－－非直接的詢問問題

　　　－－在訪談引導的主要部分，組織所做的筆記

C.閱讀典型的個案研究

D.清楚的記錄（並且要**正確的拼字**）所有的接觸對象：包括姓名、工作職位、單位、以及電話號碼

E.收集在**實地**中的文件和紀錄，並與個案研究一起提交；以有註釋的書目的格式列出文件

表 3-1. **訓練研習議程**

典型的研習包含了計劃好的個案研究調查的所有階段，包括關於研究主題的閱讀材料、引導個案研究設計的理論議題、以及個案研究的方法和實做。訓練的目標是要讓所有的參加者都了解基本的觀念、專用術語、以及跟研究相關的議題。每個研究者都必須要知道：

- 為什麼要進行這個研究
- 要尋找哪些證據
- 有哪些預期中的變異（以及如果這些變異出現，要採取什麼行動）
- 對於已知的命題，什麼會構成支持或反面的證據

要確定參與者已經達到了我們希望要求的瞭解程度，訓練活動的主要部分必須是討論，而非講授。

同樣的，這個個案研究訓練研討的取向可以跟調查研究訪談者的訓練來比較。調查研究的訓練也包含了討論，不過它主要在強調問卷的題目以及所用的專用術語，而且是在一段密集但是短暫的時間舉行。此外，這個訓練避免

觸及研究總體或概念性的部分，似乎除了調查工具所用到的技巧外，並不鼓勵訪問人對研究有更廣泛的瞭解。調查的訓練極少會包括關於實質研究議題的其他閱讀材料，而且一般而言，這些調查研究的訪談者並不具有如何分析調查的資料，以及要調查哪些議題這類的知識。這種訓練的結果對個案研究而言是不足的。

發展及檢視計畫書

下一節將會提到更多有關於個案研究計畫書的**內容**。然而，訓練中一個合理而且希望完成的工作，就是由所有個案研究調查者共同發展研究的計畫書。

因此，訓練研習的一個主要任務就是要起草研究計畫書。在這種情況下，每一個共同研究者都可能會被分配到這個個案研究所包含的實質主題的一部份，研究者接著要檢視這個主題中適當的閱讀資料，增加任何可能的相關資訊，並提出關於這個主題最初的訪問問題。在訓練研習中，整個個案調查者的團隊可以討論並檢視個別的草稿，由於參與了計畫書的發展，這個討論不只能完成計畫書，更能確保調查者能夠掌握計畫書的具體內容。

如果研究的團隊並沒有分配發展計畫書的工作，那麼訓練的議程中應該要包含完整的檢視一個計畫書。不論是程序上的或實質上的，計畫書的所有方面都必須要討論，而且也可能要修正。

要處理的問題

對個案研究計劃或是研究團隊的才能而言,這個訓練也具有揭漏問題的目的。如果真的顯現出一些問題,足堪慰藉的是如果一直到開始收集資料之後才發現這些問題,問題將會更麻煩。因此,好的個案研究調查者應該要堅持在訓練期間,就找出並且公開潛在的問題。

個案研究設計的瑕疵,或甚至是一開始所定義的研究問題,都是訓練可能會暴露出的最明顯的問題。如果發生這種情形,即使需要更多的時間和努力,你也必須願意做必要的修訂。有時候,修訂可能會質疑到研究調查的基本目的,例如最初的目標可能是要調查像微電腦使用這類技術的現象,但個案研究結果卻轉變為有關於組織的現象。當然,任何修改都可能導致要檢視一些不同的文獻,整個研究要重新改寫,讀者群也不一樣。不過,如果訓練中顯示出了原始計劃不切實際的(或無趣的)本質,這樣的改變是允許的。

第二個問題,是訓練研習可能會顯露出一些研究團隊間不相容的情況,特別是事實上,有一些調查者間可能不能分享對於計畫或其贊助者的意識型態。例如在一個有關社區組織的多重個案研究中,田野調查者對於有關這種組織的功效有不同的想法(U.S. National Commission on Neighborhoods, 1979)。當發現這種偏見存在,處理這種對立的意識型態的方法,就是建議田野調查者如果可以收集並且驗證反面的證據,那麼必須特別重視這些證據。當然,

田野調查者仍然能夠選擇要繼續參與研究,或是決定退出。

第三個問題,是訓練可能會揭露一些不切實際的期限限制,或是關於可取得資源的期望。例如,一個案研究可能想要以開放式的方法訪談 20 個人,作為部分收集的資料。不過,訓練可能顯現出訪談這些人所需的時間,要比預期的更多,在這種狀況下,訪談 20 個人期望就必須視為是不切實際的了。

最後,訓練可能會顯露出某些正面的訊息,例如,兩個或多個田野調查者,可以很有生產力的一起工作的事實。在訓練期間這種密切的關係和生產力,可以馬上擴充應用在實際資料收集的階段,也因此可以建議某些個案研究團隊的組合。一般而言,訓練應該有助於在接下來的資料收集活動中,建立團隊的規範。這個建立規範(norm-building)的過程並不只是一種禮儀,它有助於確保資料收集期間遇到意外的問題時,團隊會有支援性的反應。

個案研究計畫書

個案研究計畫書不僅僅是一種工具。計畫書包含了工具,也包含了程序,以及在使用工具時所應該遵守的一般規則。在所有個案研究中,建立計畫書都是值得的,特別是對多重個案研究,計畫書更是不可或缺的。

目錄

表 3-2　微電腦在特殊教育中應用的個案研究計畫書

　　計畫書是增加個案研究**信度**一個主要的作法，在實行個案研究時，希望能用來引導調查者。（表 3-2 有一個計畫書範例的目錄，這計畫書是在一個關於微型電腦在 12 個校區中實施，和對組織影響的研究中使用。）計畫書應該有以下的段落：

- 個案研究計劃概述（計劃的目標和贊助者，個案研究的議題，以及與調查的主題相關的閱讀材料）
- 實地實施程序（取得許可並進入個案研究「場所」，一般的資訊來源，以及程序的提示）
- 個案研究問題（個案研究調查者在收集資料時所應該要記住的特定問題，一系列特定資料的「目錄架構」（table shells），以及用來回答每一個問題的可能資訊來源）
- 個案研究報告的指引（提綱，敘述的格式，參考書目資訊和其他文件的規格）

很快地看過這些主題，就能瞭解為什麼研究計畫書這麼重要。第一，它提醒研究者，這個個案研究跟什麼有關。第二，準備計畫書迫使調查者設想一些問題，包括個案研究的報告要如何完成，舉例來說，這表示甚至在執行個案研究之前，就必須確認研究報告**所針對的讀者群**，這種先見有助於避免在最後產生悲慘的結果。以下將討論計畫書的每個段落。

個案研究計劃概述

此概述應該要包含關於計劃背景的資訊、調查的實質議題、以及跟這個議題有關的閱讀材料。

對背景資訊來說，每一個計劃都有他的背景跟觀點，例如有些計劃是由政府機構所資助的，在執行時必須要記得有其公眾的使命和委託人。其他計劃可能有更廣泛的理

論導向，或是與其他如問卷調查等相關研究有關，事實上
這些引導了個案研究調查的設計。不論是何種情境，這類
型背景資訊會在概述的段落中以扼要的方式陳述。

　　這個背景部分的一個程序上的要素，是一個你可以呈
現給任何想要了解這個計劃的人，關於這個計劃的說明，
它的目的，參與執行、以及贊助這個計劃的人。這個說明
也可以以一封介紹信來表示，這封信會送給所有的主要受
訪者，以及可能作為研究對象的組織 （見表 3-3，有一封
信的範例）。然而，概述的主體應該放在研究的實質議題
上，這可能包括選擇研究場所的原因、要檢視的命題或假
說、以及此探究在理論或政策上更廣泛的意涵。對於所有
這些主題，應該要引述相關的閱讀材料，其中重要的材料
更應該讓每一個個案研究團隊的成員都能隨手可得。

NATIONAL COMMISSION ON NEIGHBORHOODS　　　　　　**67**
2000 K Street, N.W., Suite 350
Washington, D.C. 20006
202-632-5200
1978 年 5 月 30 日

敬啓者：

　　　在此謹向您介紹　　　　，他（她） 已經由國家鄰
里區域委員會聘請，參加一個由我們的管制任務編組所
委託的專家小組，進行一系列包含 40-50 個個案的研
究。他在鄰里復興和社區組織等領域都有廣泛的經

驗，是進行這項研究的適當人選。

　　藉著個案研究的方法，委員會最終希望能確認並記錄以下這些問題的答案，如：受到各種不利的勢力、態度、投資政策（公衆的或私人的）等影響之下，什麼因素使得一些鄰里能夠生存下來？需要哪些先決條件，才有可能增加能夠成功復興的鄰里的數目，並使現有的居民獲益？可以做什麼來促成這些先決條件？

　　這封信是寄給社區領袖、行政管理人員、以及市政官員的。我們希望您能提供您的時間、經驗、以及耐心來接受我們的訪談。您的合作對於本個案研究，能指引並支援最終將由委員會轉呈給總統及國會的政策建議，將是最不可或缺的。

　　在此我謹代表委員會二十位所有成員，向您表達我們對您的協助的感謝之意。如果您希望收到委員會的通訊和最後的報告，我們的訪談者將會爲您安排。

　　最後，再次感謝您的協助。

　　　　　　　　誠摯地

　　　　　　　　/簽名/

　　　　　　　　Joseph F. Timilty 參議員

　　　　　　　　主席

　表 3-3　介紹信的例子

一個好的概述，能夠傳達給有能力的讀者（亦即對所探究的一般主題很熟悉的人）個案研究的目的和安排。其中某些材料（如計劃扼要的陳述）可能還可以滿足其他目的，因此撰寫概述應該是一項很值得的活動。

實地實施程序

在第一章中，我們將個案研究定義為在實際生活背景中對事件的研究。這對在第一章以及第二章所討論的問題定義及研究設計，有很重大的影響。

同樣的，這個個案研究的特徵，也引起了資料收集階段一些重要的問題，對這些問題來說，設計適當的實地作業程序是很重要的。個案研究的資料是從現有的人和機構中收集來的，而不是在實驗室受控制的範圍、圖書館聖潔的環境、或是死板問卷的結構限制下。因此在個案研究中，研究者必須要學習整合實際世界發生的事件，以及資料收集計畫的需求。就這個意義而言，研究者並不會像會使用其他的研究策略時一樣，去控制資料收集的環境。

要注意的是，在實驗室的實驗中，作為實驗「主體」的受測者，是被徵求參與實驗，也就是說，整個環境幾乎是完全由研究調查者所控制。在倫理和身體的限制下，這些主體必須要遵守研究者的指示，而研究者則規定了要求的行為。同樣地，調查研究中問卷的「答卷者」並不能偏離問題項目所設定的計畫，答卷者的行為受到研究者所訂定的基本規則所限制。當然，不想遵循這些規定的行為的

68

主體或答卷者，可能會隨意地被排除在這個實驗或調查中。最後，在歷史檔案研究中，相關的文件可能無法取得。不過，研究者通常可以在自己的時程上較為方便的時間，根據自己的步伐，來檢閱現有的文件。在所有這三種情境中，幾乎完全是由研究調查者控制了正式的資料收集活動。

　　進行個案研究則涉及到一個完全不同的情境。當你訪談關鍵人物時，你必須要配合受訪者的時間及其方便，而不是你自己的。訪談的特質就是更開放性的，受訪者並不需要完全的合作來回答你的問題。同樣地，在進行對實際生活活動的觀察時，是你進入了被研究主體的世界中，而不是反過來。在這種狀況之下，你可能要透過某些特殊的安排才能成為一位觀察者（或甚至是參與觀察者），而且你的行為有可能會受到限制，而不是受測主體或答卷者。

　　這個收集資料的相反過程，需要有清楚而且計劃良好，有關於「處理」方式和指導方針的實地實施程序。例如，假設你送某人去露營，因為你不知會碰到什麼狀況，那麼最好的準備就是將資源準備好。個案研究的實地實施程序也應該一樣。

　　記住這個方針，研究計畫書中的實施程序，需要強調資料收集過程中以下幾項主要的任務：

- 取得接觸關鍵組織或受訪者的資格
- 進行田野工作時要有足夠的資源，包括個人電腦、記錄工具、紙、紙夾、以及一個事先就準備好，可以私底下做筆記的安靜場所

69

- 如果有需要的話,建立一個從其他個案研究調查者或同事中,尋求協助和指導的程序
- 做一份清楚的時間表,說明資料收集活動在哪一段特定的時間中可以完成
- 設想發生某些計畫外的事件,包括可訪問到的對象、以及個案研究調查者情緒和動機等的改變

這些都是計畫書中實地實施程序段落可以包含的主題,根據所進行研究的類型不同,具體的程序也會不一樣。

這些程序越能夠操作化越好,舉一個較次要的議題為例,收集個案研究資料常常會導致在田野調查的場所中累積大量的文件,有兩個步驟可以用來減少運送這些文件的重擔:首先,個案研究團隊可能會有先見之明,帶了大型的信封(有厚襯墊的大封套),使他們能夠把這些文件寄回辦公室,而不用自己帶回去;第二,在田野作業中,可能已經預留了研讀這些文件的時間,然後能找到當地的影印設備,印下每份文件中少許相關的頁次。這都是一些操作上的細節,可以加強收集個案研究資料工作整體的品質和效率。

個案研究的問題

計畫書的核心是一組能反應出實際研究工作的實質問題,有兩個特徵可以用來區分這種問題和樣本調查研究中的問題。(見表 3-4,有一個對於學校學程研究的問題範例,完整的計畫書包含數十個這樣的問題。)

70 問： 這個學程的組織如何，雇用了哪些人，

什麼時候做了這個決定，做決定的人是誰？

資料的來源：

－－學程主任

－－主任的直屬主管

－－組織圖

－－工作描述

取樣策略：

－－取得或是繪製一個組織圖，能夠顯示學程辦公室
在圖中的位置。

－－列出教學和非教學工作人員的類型和數目（包含專
業人員、協調者、和管理者）。

－－學程主任要對誰報告？

－－誰要對學程主任報告？

－－誰要受學程主任監督？

－－學程主任必須正式簽署哪些決策？是和誰一起簽
署？

－－建立一個學程的組織圖（如果現在沒有），顯示主任
以及任何中介者（不管是在校內或是在學程辦公室
中），還有他們跟校長、一般教師、以及特殊教師
間的關係。

－－排列下列決策和事件發生的次序，填寫以下的表
格。

	次序	1994 年的完成月份	1993 年的完成月份	涉入決策者的職稱
決定預算				
職員的聘用和解雇				
將職員分派到學校中				
採購材料和儀器				
決定科目和級別				
測驗學生				
挑選學生				
挑選學校				
評鑑學校計劃				
準備並提出申請				

表 3-4 計畫書問題的例子

　　第一,問題是**向你提出的,即研究者**,而不是回答者。這些問題的本質是要提醒你要收集哪些,還有為什麼要收集這些資訊。在某些例子中,具體的問題也可以提示你在個案研究訪談中提出問題。無論如何,這些問題的主要目的是要使研究者在收集資料時能有所遵循。

　　第二,每一個問題都應該附帶列出可能的證據來源,這些來源可能包括個別受訪者的名字、文件或者是觀察。在關注的問題和可能的證據來源之間建立一個連結,對收集資料時是相當有幫助的。例如,一個個案研究調查者可以在開始一次特定的訪談之前,很快地檢視在訪談中應該要包含的主要問題。(同樣的,這些問題構成研究的結構,並且不是直接用來詢問受訪者的口頭問題。)

　　個案研究計畫書中的問題,應該要反應出一開始的研究設計中,在單一個案層次所關心的所有主題,但不是在

其他層級的。事實上，當單一個案研究是多重個案研究的一部份時，要區分問題的層級是很困難的，問題一共可以分為五個層級，而單一個案只有包含前兩個：

層級一：詢問特定受訪者的問題

層級二：個別個案中要問的問題（也就是在個案研究計畫書中的問題）

層級三：跨個案的結果所想要回答的問題

層級四：整個研究所問的問題，如除了多除個案的資訊外，還需要參考相關文獻來回答

層級五：超出狹義的研究範圍之外，有關政策建議和結論的規範性問題

72　　　　這些層級可能會令你產生相當多的困惑，所以你對這些層級的了解是很關鍵的。

前兩個層級處理單一個案（即使是多重個案研究的一部份），在這兩個層級中常有的一個困擾，是資料收集的來源可能是在層級一，但你的個案研究分析的單元卻可能在層級二，這種設計在進行對組織（層級二）的個案研究時是相當常見的。即使你的資料收集可能相當倚賴由層級一而來的資訊，你不能以訪談為全部的資料來源，來得到你的結論（如此你只能收集到有關個人所**意識到**的組織，而不是關於組織本身的資訊）。

然而，相反的情境也可能出現，你的個案研究可能跟個人有關，但是有關個人的資訊來源，可能包括了組織層級的檔案紀錄（如人事檔案或學生的記錄）。在這種情形

下，你也必須要避免僅依賴從組織收集來的資訊，就提出有關個人的結論。表 3-5 說明了這兩種情形，個案研究的分析單元跟資料收集來源的單元是不一樣的。

資料收集來源

	由個人	由組織	**研究的結論**
關於個人	個人行為 個人態度 個人看法	檔案紀錄	➡ 如果研究的 個案是個人
關於組織	組織如何運作 組織運作的原因	人事政策 組織的結果	➡ 如果研究的 個案是組織

（左側直書：設計）

表 3-5 設計與資料收集：不同的分析單元

來源：COSMOS Corporation

其他層級也應該要認識清楚，舉例來說，一個跨個案的問題（層級三），可能是大的校區是否比小校區反應能力更好，或者複雜的官僚結構使得大校區更為麻煩且缺少反應力。然而，單一個案的計畫書僅能討論一個特定學區的反應力，並無法回答這個學區中的安排是否比另一個學區中的更有反應能力，只有跨個案分析可以回答這個問題。同樣地，個別的個案研究並無法回答層級四和五的問題，當你在計畫書中列出了這類問題時，你應該要記住這

個限制。要記得**計畫書是爲了單一個案的資料收集而準備的，並不是爲了整個計劃。**

計畫書中的問題也可以包括空的「表格」（更詳細的資料見 Mile & Huberman, 1984），這個表格的架構，可用來排列一組特定的資料，其中包括了確切的欄和列的標題，用來表示所包含的資料類別。個案研究調查者的工作就是要收集表格所要求的資料。這種表格架構有幾個好處：首先，他迫使你確認你到底想要收集什麼資料；第二，在多重個案研究設計中，他確保你在不同的場所會收集到平行的資訊；最後，資料收集完成後，它有助於你了解要怎樣處理這些資料。

個案研究報告的引導

大多數的個案研究計劃都遺漏了這個要素。一直到資料收集之後，研究者才會去想到個案研究報告的大綱、格式、以及可能的讀者。然而在準備階段中事先略加計畫，雖然是跳脫了大多數研究計畫的典型規劃順序，卻表示我們將可以在個案研究計畫書中先列出報告暫時性的大綱。（個案研究報告可能包括的主題會在第六章中詳細討論。）

同樣的，採用傳統線性次序的理由，和其他研究策略的實務有關。因爲報告的格式以及可能的讀者都要遵循學術期刊的要求，在完成實驗之前，研究者都不用考慮報告撰寫的問題。因此，大多數的實驗報告都遵循類似的大綱：提出研究問題和假說；說明研究設計、裝備、以及資料收

集程序；呈現所收集的資料；最後討論研究發現和結論。

　　很不幸地，個案研究報告並沒有像這樣一律可接受的大綱。在很多的例子中，個案研究報告最後也不是在期刊中發表的（Feagin, Orum, & Sjoberg, 1991, pp.268-273）。由於這個原因，每一個調查者在進行個案研究的過程中，都必須要考慮到最後的個案研究報告的設計，而這個問題並不容易處理。

　　除此之外，計畫書也可以指出個案研究報告所需文件的範圍。田野調查中可能收集到大量的文件證據，包括發行的報告、出版品、備忘錄、以及其他調查場所中所收集來的文件等不同的形式。這些文件要如何處理，才能有助日後呈現相關的資料？在大多數的研究中，會把文件歸檔，但很少會再檢索出來使用。然而，這些文件都是個案研究資料庫（見第六章）中很重要的一部份，直到研究完全完成之前，都不應該被忽略。一個可能的作法，是在個案研究中加入參考書目的註釋，詳細列出每一份可取得的文件。這些註釋有助於讀者（或研究者在以後的日子）知道有哪些文件可能跟進一步的探究有關。

74

　　總而言之，個案研究報告基本的大綱應盡可能成為計畫書的一部分，這將有助於以適合的格式收集相關的資料，而且也可以減少必須要重新拜訪某個個案研究場所的可能性。但這種大綱並不是表示要完全忠實於預先設計好的計畫書，事實上，一開始的資料收集活動可能就會導致個案研究計劃改變，如果能夠妥善運用而沒有偏差，這種彈性應該是個案研究策略的優點，而且是受到鼓勵的。

先導個案研究

資料收集最後的準備是進行先導研究。選擇先導個案的一些理由可能會跟在個案研究設計中最後挑選個案的準則無關。例如，在先導場所的資訊提供者通常較為友善而且容易接觸到、這場所的地理位置可能較為方便、或者是可能有特別多的文件和資料。另外一個可能性，是先導場所呈現出真實個案最複雜的現象，所以幾乎所有與資料收集相關的議題都可以在這個場所看到。

先導個案研究能夠幫忙調查者將資料收集計畫中，不論是所要收集資料的內容，以及所遵循的資料收集程序都修正的更完美。就這一點而言，必須要注意**先導測試**（pilot test）並不是**前測**（pretest）。先導個案使用於構成性的目的，能幫助調查者發展相關的系列問題，甚至也能澄清一些研究設計上的概念。相對地，前測提供一個「正式彩排」的機會，將盡可能忠實的利用最終測試所使用的資料收集計劃來進行。

先導個案研究是如此的重要，因此與稍後正式從個案搜集資料相比，研究者在這個研究階段，應該投入更多的資源。由於這個原因，其中有幾個主題很值得進一步討論：選擇先導個案，先導個案探究的本質，以及先導個案研究報告的本質。

一般而言，方便性、能夠接觸、以及地理位置鄰近，可能是選擇先導個案的主要標準。跟可能發生在「真實」個案研究場所的情況比起來，這些條件使得受訪者和個案研究調查者間，能夠建立較非結構化且延續較長期的關係。此外，可設想先導場所扮演了調查者的「實驗室」的角色，使他們可以從許多不同角度觀察到不同的現象，或者以嘗試的策略測試不同的方法。

有一個關於地方公共服務之技術創新的研究（Yin, 1979, 1981c, 1982c），事實上用了七個先導個案，每一個都著重在不同的技術類型。有四個最先開始的個案是在研究團隊所在的都會區，此外三個第二組拜訪的個案在另一個城市。選擇這些個案，並不是因為他們採用的特殊技術，或是某些實質的原因，主要的準則除了地理上較近以外，事實上是由於研究團隊中部分成員事先已經有的個人關係，使得接觸這些場所較為容易。最後，這些場所的受訪者也很樂於合作，能夠瞭解調查者是處於研究的初期，可能還沒有一個確定的研究計畫。

先導探究的本質

先導個案的探究可以更廣泛，而且比起最終的資料資料計劃更缺乏焦點。除此之外，探究可以包含實質上的以

及方法論上的議題。

　　在上面提到的例子中，研究團隊利用七個先導個案，來改進他們對不同類型的技術，及其對組織之影響的觀念。先導研究是在選擇最終要收集哪些具體技術之資料，以及形成研究的理論命題之前進行的。因此，先導資料提供了對所研究的基本議題較深入的看法。這些資訊用來跟進行中的相關文獻探討相比較，所以最後的研究設計，是由目前主要的理論，和一組最新的實徵觀察形成的。這雙重的資訊來源有助於確保所進行的研究，能反應出理論上或政策上重要的議題，而且問題也跟現有的個案有關。

　　在方法上，先導場所的工作可以提供有關於：「相關的實地問題，以及實地研究的後勤作業」的資訊。如在技術的先導場所，一個重要的後勤問題，是應該要先觀察實際在應用中的技術，或是要先收集關於普遍的組織議題的資訊。這個選擇跟進一步田野調查團隊配置的問題相互影響：如果團隊包含兩人或兩人以上，哪些任務需要團隊一起作業？哪些任務可以完全分開進行？這些作業程序上的變化在先導個案研究中都試驗過了，並且也瞭解其得失，最後就可以發展出正式資料收集計劃中能令人滿意的步驟。

先導個案的報告

　　先導個案的報告對調查者有很重要的價值，即使是以備忘錄的形式，也必須要寫得很清楚。先導報告和真正的

個案研究報告之間的一個差異，是先導報告應該要詳細指明對於研究設計和實地實施程序兩者所學習到的教訓，先導報告甚至會有關於這兩個主題的專門章節。

如果計劃中有一個以上的先導個案，單一先導個案的報告也可以指出在下一個先導個案中要做的修正。換句話說，這個報告可以包含後續先導個案的計畫。如果用這個方式進行了足夠的先導個案，那麼事實上最後報告中的計畫可能會成為真正個案研究計畫書一個好的雛形。

摘要

這一章檢視了資料收集的準備，個案研究的範圍可能涉及單一或是多重的場所，涉入的調查者也可能是單一或是很多個，這決定了資料收集的準備工作相對來講是簡單或複雜的。

本章的主要主題包括了個案研究調查者所需的技巧、調查者針對特定個案研究所要的準備和訓練、個案研究計畫書的本質、以及先導個案的角色和目的。每一個個案研究都應該根據探究的特定問題，以適當的程度遵循這些不同的步驟。

就像其他事務的管理一樣，練習可以改善你執行這些活動的專門技術。對你而言，你需要的方式是在嘗試做一個複雜的個案研究之前，先完成一個相對上比較簡單明確

的個案。成功的完成一些個案後，這些準備工作甚至可能會變成你的本能。此外，如果同一個個案研究團隊曾經一起執行了幾個不同的研究，也會提高後續個案研究的工作效率，並得很高的滿意水準。

習題

1. **確認進行個案研究的技巧** 列舉出一個個案研究者，應該要有哪些不同的重要技巧。你認識任何曾經成功地完成個案研究的人嗎？他們做為一個研究調查者有哪些優點和缺點？這些跟你剛才列舉的類似嗎？

2. **回溯式的發展一份「舊」的計畫書** 選一個這本書的方框中引述的個案研究，針對這個個案研究中的一個章節，設計一份能夠得到現在在這個章節中之結果的計畫書。這份計畫書應該提出哪些問題？回答這些問題和收集相關資料應該遵循什麼程序？

3. **發展一份「新」的計畫書** 從你大學的日常生活中，找出一些需要解釋的現象。例如，為什麼大學最近改變了某些政策？或是你的系所如何做關於課程需求的決策？

針對這個現象，設計一份個案研究計畫書，以收集要提出適當解釋所需的資訊。你應該要訪問誰？應該要尋找什麼文件？如果有的話，你要觀察什麼？這些跟你的個案研究的關鍵問題有什麼關係？

4. **執行個案研究的訓練**　說明進行個案研究計畫，和其他不同類型之研究策略的計畫（如調查研究、實驗法、歷史研究法、以及檔案紀錄分析等），所需要的準備和訓練有哪些主要的差異。為了你準備要進行的個案研究，發展一個訓練議程，這個研究將由兩位或三位調查者一同執行。

5. **選擇先導研究的個案**　定義先導個案希望具備的特質。做為一個新的個案研究計劃的前奏，你會如何聯絡並且應用這個個案？說明為什麼你可能會只選擇一個先導研究場所，而不是兩個或更多個。

4

執行個案研究：收集證據 78

　　個案研究的證據可能有六種來源：文件、檔
案紀錄、訪談、直接觀察、參與觀察、以及實體
的人造物。使用這六種來源需要稍微不同的技
巧，和方法上的程序。

　　除了要注意各種不同的來源外，對於進行個
案研究時任何資料收集的活動，有一些很重要的
基本原則，這些原則包括：（a）多重的證據來
源，也就是由兩個或是更多個來源而來的證據，
會收斂於同樣一組事實或研究發現上；（b）個案
研究資料庫，是和最後的個案研究報告分開的，
正式的研究收集到之證據的集合；（c）一連串的
證據鏈，也就是所提問的問題、所收集的資料、
和所導出的結論間，詳細清楚的連結。個案研究
調查能謹守這些原則，對提升其品質會有很大的
實質的幫助。

收集個案研究資料可以倚賴很多的證據來源，本章討

論其中最重要的六個：文件、檔案紀錄、訪談、直接觀察、參與觀察、以及實體的人造物（artifact）。本章的一個目的，是要簡單地介紹從這些來源收集的資料方法；另一個目的則是要說明不管對哪種證據來源，都很重要的三項資料收集原則。

關於第一個目的，因為很多教科書和研究論文都有相關的資訊，在此對這六種證據來源的說明是很簡短的。這些相關的文獻如 Schatzman & Strauss （1973），Murphy（1980），以及 Webb, Campbell, Schwartz, Sechrest, & Grove（1981）等，都有對「田野方法」的完整說明。這些書都很容易用來討論並瞭解與個案研究方法相關的特定資料收集技術（見 Fiedler, 1978）。同樣地，在一些更為特殊但相關的領域，也有不少相關文獻，其中包括了：

79

- **組織和管理的研究**：Bouchard（1976） 以及 Webb & Weick（1979）
- **參與觀察**：McCall & Simmons（1969），Lofland（1971），以及 Jorgenson（1989）
- **人類學方法**：Pelto & Pelto（1978），Naroll & Cohen（1973），以及 Wax（1971）
- **觀察的技巧**：Douglas（1976），Johnson（1976），以及 Webb 等人（1981）
- **臨床心理學**：Bolgar（1965） 和 Rothney（1968）
- **計劃評鑑**：King, Morris, & Fitz-Gibbon（1987）

140 個案研究法

● 歷史研究的技術以及文件的使用：Barzun & Graff
（1985）

任何需要進一步瞭解資料收集之細節的人，應該查閱其中一些文獻。

然而，這些文獻大多數未把個案研究當作是一種獨立的研究策略，他們也傾向於把資料收集跟研究過程中其餘的部分隔離。例如，很少文獻會提到如何應用這些技巧，幫助處理第二章所提出的研究設計問題：包括構念效度、內在效度、外在效度、以及信度。因此，本章將更為強調第二個目的，也就是討論資料收集的三項原則。

本章所要詳細討論的這些原則，過去並沒有受到足夠的重視。這些原則包括（a）使用多重，而不只是單一的證據來源；（b）建立個案研究的資料庫；（c）發展一連串的證據鏈（chain of evidence）。這幾項原跟六種不同的證據來源都相關，對進行高品質的個案研究而言極端重要，研究者應該要盡可能的遵循。特別是在第二章中也有提到（見表 2-5），這些原則也有助於處理構念效度和信度的問題。

六種證據來源

在此討論的證據來源有文件、檔案紀錄、訪談、直接

觀察、參與觀察、以及實體的人造物。不過你應該要知道，完整的來源列表是相當廣泛的，包括影片、照片、和錄影帶；投射技術（project techniques）和心理學的測驗；人際距離學（proxemics）；動作學（kinesics）；「街頭」民族誌學（"street" ethnography）；以及生命史（life histories）（Marshall & Rossman,1989）。

比較這六個主要來源彼此間的優點和缺點，是一個很有用的概述（見表 4-1）。你應該會馬上注意到，沒有任何一個單一的來源與其他的來源比起來，能取得完整的優勢。事實上，不同的來源具有高度的互補性，而一個好的個案研究，也因此會想要盡可能地使用更多不同種類的資料來源（見本章稍後在「多重證據來源」的討論）。

80

證據來源	優點	缺點
文件	◆ 穩定—可以重複地檢視 ◆ 非涉入式—並不是個案研究所創造的結果 ◆ 確切的—包含確切的名稱，參考資料，以及事件的細節 ◆ 範圍廣泛—長時間，許多事件，和許多的設置	◆ 可檢索性—可能低 ◆ 如果收集不完整，會產生有偏的選擇 ◆ 報告的偏見—反應出作者的（未知的）偏見 ◆ 使用的權利—可能會受到有意的限制
檔案紀錄	◆ 同以上文件部分所述 ◆ 精確的和量化的	◆ 同以上文件部分所述 ◆ 由於個人隱私權的原因而不易接觸
訪談	◆ 有目標的—直接集中於個案研究的主題 ◆ 見解深刻—提供了對因果推論的解釋	◆ 因問題建構不佳而造成的偏見 ◆ 回應的偏見 ◆ 因無法回憶而產生的不正確性 ◆ 反射現象—受訪者提供的是訪談者想要的答案

直接觀察	◆ 眞實—包含即時的事件 ◆ 包含情境的—包含事件發生的情境	◆ 消耗時間 ◆ 篩選過的—除非涵蓋的範圍很廣 ◆ 反射現象—因爲事件在被觀察中,可能會造成不同的發展 ◆ 成本—觀察者所需花的時間
參與觀察	◆ 同以上直接觀察部分所述 ◆ 對於人際間的行爲和動機能有深刻的認識	◆ 同以上直接觀察部分所述 ◆ 由於調查者操弄事件所造成的偏見
實體的人造物	◆ 對於文化特徵能有深刻的理解 ◆ 對於技術的操作能有深刻的理解	◆ 篩選過的 ◆ 可取得性

表 4-1 六種證據來源:其優點與缺點

文件

除了對尙無文字的社會之研究外,文件資訊很可能跟所有個案研究的主題都有關。這類型的資訊可能有很多形式,而且應該明確清楚的寫在資料收集計劃中。例如,下列都是可能考慮到的不同文件:

- 信件、備忘錄、以及其他公報
- 會議的議程、公告、和時間,以及其他事件的紀錄報告
- 行政管理文件—提案、進度報告、以及其他內部文件
- 正式的研究或對同樣「場所」的評鑑

● 剪報及其他大眾媒體上出現的文章

這些以及其他類型文件之所以有用，並不是因為他們必然是正確或是缺少偏見的。事實上，使用文件必須要小心，而且不應該把文件當作是發生過之事件的原樣紀錄。例如，只有很少人了解到，甚至連正式美國國會聽證會的「轉譯本」，在以最後的形式出版之前，都經過國會的員工，或是其他可能有做過聽證的人刻意的編輯。在另一個領域，歷史學家處理第一手文件時也必須要考慮到文件的效度。

對個案研究而言，文件最重要的用處，是確認和增強由其他來源而來的證據。首先，文件對於核對在訪談中可能提到資料正確的拼寫，以及組織的職位或名稱是有幫助的；第二，文件可以提供特定的細節，以確認由其他來源而來的資訊，如果文件的證據提出反駁而非確認，那麼調查者就有具體的理由要進一步探究這個主題；第三，可以由文件來做推論，如藉由觀察特定文件的傳送表，你可以發現關於組織內傳播和網路的新問題。雖然如此，因為日後可能會發現這些推論變成錯誤的引導，所以只能視為值得進一步調查的線索，而不是最後的發現。

由於整體上的價值，文件在任何個案研究的資料收集中，都扮演了一個明確的角色。有系統的搜尋相關文件，在所有資料收集計畫中都很重要，例如在實地拜訪其間，你應該安排時間使用當地圖書館和其他參考資源中心。你也應該要安排取得檢閱關於所有被研究的組織之檔案的權

82

利，這也包括了檢閱可能已經被放入冷凍庫的文件。這些
檢索活動時間的安排通常是有彈性的，並不會受其他資料
收集活動的影響，而且通常可以在你方便的情形下搜尋，
因此，很少會有藉口能忽略完整的文件證據檢視（見方框
十五）。

方框十五
在個案研究調查中利用文件

　　有時個案研究是關於某個可以作為模範的「計劃」，
如一個研究成果或聯邦政府贊助的活動。在這類型的個案研
究中，許多文件都有可能是相關的。

　　Moore & Yin（1983）進行了一個這類的個案研究，他
們檢查了九個不同的研發計劃，其中大部分是在大學中。針
對每一個計劃，研究者收集的文件包括了如計劃的提案、期
中的報告以及研討論文、完整的手稿和印刷品、研究團隊和
其贊助者間的聯繫、以及顧問委員會議的議程和結果。甚至
會注意到相同文件的不同草稿，因為其中微妙的改變常常反
應出計畫關鍵的實質發展。

　　將這些文件跟其他資訊來源連結，如研究團隊的訪
談、以及對此研發計劃的活動及工作的觀察。只有在所有的
證據都得到一致的結果時，研究團隊才會對關於真實發生之
特定事件的瞭解感到滿意。

　　同時，也有許多人批評個案研究法有可能過度倚賴文
件資料。這可能是因為有些不小心的調查者，錯把一些如
計畫之提案等之文件，認為其內容全然都是事實。事實

上，檢視任何文件時很重要的事，就是要瞭解這些文件都是為了某些特定目的，及個案研究者**之外**的一些特定的讀者所寫。就這個意義來說，個案研究調查者是個代理的觀察者，而文件證據反應出其他團體之間，為了要達成他們的目標所進行的溝通行為。能夠持續的確認這個狀況，你可能就比較不會被文件證據所誤導，而且在解釋這些證據的內容時比較有可能正確地評論[1]。

83 檔案紀錄

對很多個案研究而言，檔案紀錄也是關係密切的。這些檔案記錄常是電腦資料的形式，可能包括以下幾項：

- **服務紀錄**，如顯示在一段特定的時間內，所服務顧客的數目
- **組織的紀錄**，如組織圖以及一個時期的預算
- 紀錄一個地方地理特徵的**地圖和路線圖**
- 名稱和其他相關商品的**列表**
- **調查報告資料**，如人口普查紀錄，或是先前對一個「場所」所收集的資料
- **個人紀錄**，如日記、行事曆、和電話通訊錄

檔案記錄可以跟個案研究的其他資訊來源連結（見方框十六），然而跟文件證據不同的，這些檔案紀錄的有用性將會因不同的個案研究而有所差異。對某些研究而言，這些紀錄相當重要，因此可能成為需要廣泛檢索和分析的

對象；但在其他研究中，他們可能卻只有粗略的相關性。

方框十六

以檔案資料來源作爲量化和質化兩種證據

　　檔案資料的來源可以產生量化和質化兩種資訊。對一個個案研究而言，常會有關係密切而且可以取得的數值的資料（量化資訊），非數值的資料（質化資訊）也一樣。

　　在 1979 到 1981 年期間，美國科技評鑑室（U.S. Office of Technology Assessment）委託的十七份**醫藥技術的個案研究**（*Case Studies of Medical Technologies*），說明了質化和量化資訊的整合，資料來源主要是一種獨特的檔案資料，也就是科學實驗報告。每一份個案都包含一種特定的技術，其發展和實施是以質化的方式呈現；每份個案中亦包含了量化的資料，根據大量先前的實驗，說明所呈現技術的成本與效益。用這個方法，個案研究達到了幫助醫療保健領域決策者「技術評鑑」的目的。

　　當檔案的證據是相關而且重要的，調查者必須要小心 **84** 地確認檔案資料產生時的狀況以及其正確性。有時候檔案紀錄是高度量化的，但數字並不能自動被視爲是正確度的象徵。例如，幾乎每一個社會科學家都知道，使用美國聯邦調查局犯罪活動報告，或是任何其他以法律施行機構所報告的犯罪活動爲基礎的檔案紀錄時易犯的錯誤。因此，解釋檔案證據時需要注意這個同樣的一般性警告：大多數的檔案紀錄是因應特定目的和特定讀者（但不是個案研究調查）而產生的，必須要能先完整的評鑑這些條件，才能

說明任何檔案紀錄是有用的。

訪談

訪談是個案研究最重要的資訊來源之一。由於訪談和問卷調查經常結合在一起，這樣的結論可能會讓人覺得很驚訝。無論如何，訪談也是個案研究資訊基本的來源。

訪談可以採取數種形式。其中最常見的個案研究的訪談，是屬於**開放式本質的**，你可以問關鍵回答者有關的事實，或是問回答者對於事件的看法。在一些情境中，你甚至可以要求回答者提出他或她自己對於某些事件的深入看法，並利用這些命題做為進一步探究的基礎。

其中回答者若越能以後面的這些方式提供幫助，其角色就越類似「訊息提供者」（informant）而非單純的回答者，他們不只能提供個案調查者對於事情的深刻了解，而且還可以建議一些確實的證據來源，並且開始幫忙調查者接觸這些證據來源。例如有一個叫「Doc」的人，在《*Street Corner Society*》（Whyte, 1943/1955）這個著名個案研究的執行中，扮演不可或缺的角色，其他的個案研究中也有提到類似的訊息提供者。當然，你必須小心變的過度倚賴關鍵的訊息提供者，特別是因為訊息提供者的人際間影響力很有可能已經超越你，而這種影響力常常是無法清楚加以定義的。同樣的，避免這種錯誤的一個合理的方法，是倚賴其他的證據來源以確認這個訊息提供者的解釋，並且儘可能地搜尋相反的證據。

第二種類型的訪談是**焦點式**（*focused*）訪談（Merton et al., 1990），一種在一段短時間中訪談一位回答者的方法，例如一小時。在這種情況下，訪談可能仍舊維持開放式並以談話的方式進行，但是你很可能會遵循一組由個案研究的計畫書所衍生的特定問題來訪問。

例如，這種訪談一個主要的目的，可能只是要確證一些你認為已經建立好的事實（而不是以更廣泛，開放的方式詢問其他的主題）。在這樣的情境中，你必須要小心地陳述要詢問的具體問題，看起來必須好像真的對於這個主題缺乏經驗，因而能使回答者提出關於這個主題的新看法；另一方面，如果你問了引導性的問題，就不能達到訪談確證性的目的。即使如此，當受訪者間好像一直重複同樣的講法時，你也要小心謹慎，並以隱密的方式彼此確認。此時需要進一步的探查，有一個類似好記者使用的方法，新聞記者通常會經由謹慎的跟已知有不同觀點的人核對，來建立事件的順序。如果其中有一個受訪者無法評論，即使其他人能夠確認另外一個人對於所發生事情的觀點，一個好的新聞記者在陳述結果時，甚至會提到有人被問到時拒絕評論的這個事實[2]。

還有第三個類型的訪談，是延伸自正式的**問卷調查**，限定於更為結構化的問題，這種問卷可以設計為個案研究的一部份。舉例來說，假設你在進行對於街坊的個案研究，可以調查當地居民或是商店店主，做為個案研究的一部份，這種情形跟研究是相關的。這類型的調查應該包含抽樣的程序，以及一般調查中所用的工具，而後也會用類

似的方法分析。不同的地方在問卷調查與其他證據來源相較之角色：例如當地居民對這個鄰里衰退或是改善的看法，並不一定能衡量真正的衰退或改善，而應該被當作只是整個鄰里評鑑的構成要素之一。（見方框十七的另一個例子，說明調查研究也可以與個案研究一起使用，而不是做為個案研究的一部份。）

方框十七
整合個案研究和調查的證據

在兩個不同的「場所」中問相同的問題，有時候會對一些研究有好處，其中較小的群體是個案研究的對象，而較大的群體中則進行問卷調查。兩個場所的答案可以比較其一致性。不過重要的是，在個案研究的場所中，可以對因果作用的過程得到更深刻的理解；調查的場所則可以提供一些關於普遍現象的指示。

Robert K. Yin 的一個關於組織創新的研究《改變中的都市官僚組織》（*Changing Urban Bureaucracies*, 1979）就用了這個方法。針對某些關鍵的問題，由十九個個案研究場所得到的證據，和由九十個電話訪問而來的證據一同列表。比較顯示出結果並沒有差別，兩組場所指向一致創新行為形式也增加了對結果的信心。除了這個並列的表格外，分析中特別比較了個案研究和其他調查場所中得到的發現，同樣的要用來判斷不同資料來源聚合的程度。

整體來說，因為大部分的個案研究研究的都是和人有關的事務，因此訪談就成為個案研究證據的基本來源。這

些事務應需要透過特定受訪者的眼睛來報導並詮釋，有充分資訊的回答者可以提供對於研究情境深刻的見解，他們也可以提供瞭解過去歷史背景的捷徑，有助於研究者確認相關的證據來源。然而，訪談永遠只能被當作是一種口頭上的傳聞，他們經常都有回憶不完整、具有偏見、以及清晰度不足或不確實等這些問題。同樣的，合理的作法是要將訪談與其他來源的資料相互印證。

使用錄音機是記錄訪談時一個必須要處理的問題，是否要使用錄音設備是一個有關個人偏好的問題。跟任何其他方法比起來，使用錄音帶的確更能提供準確的訪談紀錄，不過有一些情況下不應該使用錄音帶：如（a）受訪者不同意，或是對其存在顯得不自在時；（b）沒有具體的轉譯或是有系統的聆聽錄音帶內容之計畫時；（c）調查者對於機器設備相當笨拙，以致錄音機會使訪談分心時；或是（d）調查者認為錄音機能取代整個訪談過程中仔細「傾聽」的工作。

直接觀察

你實地拜訪個案研究的「場所」時，就創造了直接觀察的機會。假設想要研究的現象並不全然是歷史性的，透過觀察，就可以取得一些相關行為以及環境條件的資訊，這種觀察可以做為個案研究另一種證據的來源。

這種觀察包括了正式的和非正式的資料收集活動。對最正式的觀察來說，觀察計畫會成為個案研究計畫書的一

部份，計畫中可能會要求田野工作者測量在實地現場中，一段時間內某種類型行為發生的次數，這可能包括觀察會

議、街頭活動、工廠作業、教室、和其他類似的場所。比較不正式的觀察中，直接觀察可能是在實地拜訪的過程中進行的，包括了在收集如訪談等其他證據期間的機會。舉例來說，建築物的狀況或是工作空間會指出一些有關組織氣候、或是組織衰退的事情；同樣地，回答者辦公室的位置或內部陳設，也可能指出其在組織中的地位。

觀察的證據通常能用來提供關於研究主題以外之額外資訊，比如說個案研究是關於一種新的技術，觀察這種技術實際的運作，對瞭解其限制與問題能提供很有價值的幫助。同樣地，觀察鄰里或組織單位，也能對所研究之現象或脈絡增加新的理解要點。由於觀察可能有很高的價值，你可能甚至會考慮在個案研究的場所拍照，這些照片至少將有助於傳達給外界觀察者一些重要的個案特徵（見Dabbs, 1982），不過要注意在某些情境中，比如在公立學校拍攝學生的照片，你可能需要事先得到書面的許可。

不論是正式的或非正式的觀察，由一個以上的觀察者來觀察，是增加觀察證據信度的一個常用程序。因此當資源許可的時候，個案研究調查應該考慮能用到多位觀察者。

參與觀察

參與觀察是觀察的一種特殊模式，此時你不只是一位

被動的觀察者，你反而可以在個案研究的情境中扮演某種
角色，並且真正的參與正在研究中的事件。例如在城市的
鄰里中，這些角色的範圍可能從與不同的居民有非正式的
社會互動，到在鄰里內從事某些具特定功能的活動（見
Yin, 1982a）。在鄰里和組織的研究中，這些角色的例子
包括了：

- 做為個案研究的鄰里中的區民（見 Gans, 1962，以
  及方框十八）
- 在鄰里中扮演某種機能性角色，如做為零售店店
  主的助手
- 成為一個組織中的工作人員
- 成為組織中一個關鍵的決策者（見 Mechling,
  1974）

方框十八

在一個類似《Street Corner Society》的

鄰里中的參與觀察

　　在 1960 年代，參與觀察是常用來研究都市鄰里地區的
一種方法。其中一個而後相當有名的研究是由 Herbert Gans
所作，他所寫的《都市中的村民》（*The Urban Villagers*）
（1962），即關於這個對「義裔美國人生活的群體和階層」
的研究。

　　這個研究所使用的方法論，記錄在書中一標題為「在
這份研究中所使用的方法」（On the Method Used in This

Study）的獨立章節。其中提到他的證據是以六個方法為主：
使用鄰里的設施、出席會議、非正式的拜訪鄰居和朋友、正
式和非正式的訪談、利用訊息提供者、以及直接觀察。在這
些來源之中，「參與的角色最後變成最有效的」（pp. 339-
340），這個角色立足於 Gan 跟他的妻子是他所研究的那個
鄰里的真正居民。這個研究產生了對在重建和改變中之都市
的鄰里生活經典的描述，跟約 20 年前，Whyte
（1943/1955）的《*Street Corner Society*》中穩定的環境有明
顯的對比。

88　　　參與觀察的方法最常被用在不同文化或次文化群體的
人類學研究中，這個技術也可以用在屬於日常生活的環境
中，如組織或是其他小群體（見方框十九）。

方框十九
在「日常生活」環境中一個參與觀察者的研究

　　Eric Redman 在他極受重視的個案研究《立法之舞》
（*The Dance of Legislation*）（1973）中，提供了一個內部
人員對於國會如何運作的描述。這個個案研究追溯了 1970
年第 91 屆國會會期，提出並通過成立國立健康服務團
（National Health Service Corps）之法令的過程。

　　身為這個法案的一個主要支持者參議員 Warren G.
Magnuson 的幕僚，Redman 站到了一個有利的寫作位置，其
說明不僅充分而且很容易閱讀。這個描述也提供讀者對於國
會日常運作深刻的理解，從法令的提出到最後通過，包括尼
克森總統時期，一些無能會期的政治活動。

　　這個描述是在當時的背景參與觀察一個極佳的例子，

它包含了有關極少數人能夠分享的內部人員角色的資訊。這個個案研究重建了精巧的立法策略、委員會職員和遊說者受忽視的角色、以及立法和行政部門之間的互動，這些都增加了讀者對於立法過程的普遍認識。

參與觀察提供了收集個案研究資料某些特殊的機會，不過也有一些重要的問題。其中最特殊的機會是你能夠接觸某些透過其他的科學調查方法，所無法觸及的事件或團體。換句話說，對某些研究主題，除了參與觀察之外可能沒有其他收集證據的方法。另一個特殊的機會，是由個案研究的「內部」某人，而非外人的觀點，來理解現實的能力。許多人認為這種觀點對「準確的」描繪而言是沒有價值的。最後，有些機會來自於你可能有能力操弄一些次要的事件，如在個案研究中召集一群人開會。這種操弄只有在參與觀察時才會發生，在其他比如文件、檔案紀錄、和訪談等資料收集方法中，調查者都是被動的。參與觀察的操弄不會像實驗研究一樣準確，不過可以產生更多不同的情境來收集資料。

參與觀察所需處理的主要問題是其所造成的潛在偏見（見 Becker, 1958）。首先，調查者比較沒有辦法像一個外部觀察者般進行研究，有時候他的身份或者擁護者的角色，可能跟良好的科學慣例的要求有衝突；第二，參與觀察者很可能跟著順從一個普遍的現象，並且成為所研究之群體或組織的支持者，就算目前他並未特別支持該群體；第三，參與者的角色很可能就是需要比觀察者的角色花更

多的心力，因此參與觀察者可能無法像一位好的觀察者一樣，有足夠的時間做筆記，或是對事件從不同的觀點提出問題。

進行任何參與觀察研究的時候，必須要認真地考慮這些機會和問題間的取捨。在某些情況下，用這個方法收集個案研究證據可能是正確的；而在其他的情況，則可能會威脅整個個案研究計劃的信譽。

90　實體的人造物

實體的或是文化的人造物是最後一種證據的來源，包括了技術的設備、一個工具或儀器、一件藝術作品、或是其他實體的證據。這些人造物可以在實地拜訪時收集或觀察，而且也已經廣泛地應用在人類學的研究中。

實體的人造物可能跟最典型的個案研究關係比較少，然而在有關係的時候，人造物可以是整個個案中一個重要的要素。舉例來說，一個教室中使用微電腦的個案研究，必須要確定系統實際應用的本質，除了可以直接觀察電腦的使用外，也可以取得電腦印出文件這類人造物。學生利用這些電腦印出的文件，展示他們作業的成果，並且會將這些印出品收集成冊。每一份印出的文件不只顯示了已經完成的學校作業之類型，同時也顯示了每一個作業的日期及所使用的電腦時間。個案研究調查者藉由檢視這些印出的文件，對於微電腦在教室中的應用，可以建立一個在短時間內直接觀察的範圍之外，更為廣泛的觀點。

總結

　　本節檢視了六種普遍的個案研究證據來源，各種不同類型的證據都需要建立資料收集的程序，研究者必須要能掌握各個程序以確保能適當地利用不同的證據來源。個別的個案研究並不一定會用到所有的來源，但是一個受過良好訓練的個案研究調查者應該熟悉每一種方法，或是有擁有所需的專長，可以成為個案研究團隊一分子的同事。

三個收集資料的原則

　　有三項原則可以讓你將由這六種證據來源得到的好處發揮到最大，這些原則跟六種證據來源都有關係，如果能適當加以應用，也有助於處理建立個案研究構念效度和信度的問題。這三項原則如下：

原則一：使用多重的證據來源

　　整個研究可以以任何一種前述的來源為唯一證據基礎，許多研究事實上正是如此。例如有一些研究只倚賴參與觀察，但卻連一份文件也未曾檢視；同樣地，有很多研究倚賴檔案紀錄，但卻沒有包含任何訪談。

　　單獨使用一種來源，可能跟證據來源被設想的獨特方

91

式有關：一般總認為調查者應該要選擇一種最適合的，或是他最熟悉的證據來源。因此在很多的場合中，研究者是藉由指出所要研究的問題以及所選擇的**單一**證據來源，來宣布新研究的設計，例如要以訪談來收集資料。。

　　三角檢定法（*Triangualtion*）：使用多重證據來源的原因。雖然上面討論了使用單獨一種證據來源的方法，但是在此並不建議使用這種方法進行個案研究；相反的，個案研究的資料收集活動一項主要的長處，就是有機會用到許多不同的證據來源（見方框二十中，一個這種研究的例子）。更進一步來說，在個案研究中使用多重證據來源的需求遠超過在其他如實驗、調查、或歷史研究法等不同策略。以實驗為例，主要證據限制於在實驗室中測量和記錄到的實際行為，而且一般來說不會有系統的使用調查，或是口語的資訊。相反的，調查報告重視口語的資訊，但是卻不測量或紀錄實際行為。最後，歷史研究侷限在「已終結的」過去的事件，因此也很少利用當時的證據來源，例如直接觀察現象、或是訪談主要的參與者。

92

方框二十
在個案研究中使用多重的證據來源

　　個案研究不需要侷限於單一的證據來源。事實上，大多數較好的個案研究倚賴廣泛的不同來源。

　　由 Gross 等人所著的書，《組織創新的實施》（*Implementing Organization Innovations*）（1971），是使用多種證據來源個案研究的一個例子，書的內容包括了在一所

學校中的相關事件。這個個案研究包含對許多老師所做的結構化問卷、對數量較少的關鍵人物做的開放性訪談、以觀察協定（observational protocol）測量學生在各種工作上所花的時間、以及檢視組織的文件。從調查報告和觀察程序中得到關於在學校中的態度和行為的數量資料，而開放式的訪談和文件證據則提供了質化的資料。

　　而後所有的證據來源都一起檢視並分析，所以個案研究的發現是來自於不同來源之資訊收斂的結果，而不是只根據量化或質化的資料得到的。

　　當然，前述的各種策略中的每一種都可以加以修正，以創造多重證據來源可能會更相關的混合策略。在過去數十年來，「口述歷史」（oral history）研究的發展就是一個例子。然而，傳統策略的修正並沒有改變：個案研究天生就是要來處理種類廣泛的證據，而其他策略則不是的這個事實。

　　在個案研究中使用多重的證據來源，使研究者可以探討一些在歷史上、態度上或行為上範圍更廣的關鍵主題。然而，使用多重證據來源最重要的優點，是發展收斂的探究線索，也就是本章前一節中重複提到的一個三角檢定的過程。因此，個案研究任何的研究發現或結論，如果是根據某個確證的模式，以幾種不同的資訊來源為基礎，都可能會更正確且具有說服力。

　　Patton（1987）介紹了進行評鑑時所用的四種類型的三角檢定，這些三角檢定是

1. 資料來源的（資料三角檢定）；
2. 在不同評鑑者之間的（調查者三角檢定）；
3. 對相同資料組的不同觀點（理論三角檢定）、以及
4. 方法的（方法論三角檢定）。

目前的討論只跟這四種類型中的第一種有關，也就是鼓勵你由多重證據來源收集資訊，並以確證相同的事實或現象做為目的。表 4-2 區分了兩種情況—你真正做了三角檢定（上半部），或是雖然你有多重的證據來源，但這些資訊卻在談**不同的**事實（下半部）。

93 因為多重證據來源基本上提供了對同樣現象的不同測量，三角檢定法可用來處理潛在的**構念效度**的問題。不令人意外的，一個對個案研究方法的分析發現，那些使用多重證據來源的個案研究，比起那些只倚賴單一資訊來源的，在整體的品質方面得到了更高的評價（見 Yin, Bateman, & Moore, 1983）。

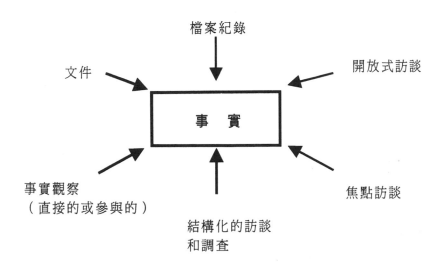

收斂的多重證據來源
（單一研究）

檔案紀錄

文件　　　　　　　　　　　　開放式訪談

事　實

事實觀察　　　　　　　　　　焦點訪談
（直接的或參與的）

結構化的訪談
和調查

未收斂的多重證據來源
（獨立的子研究）

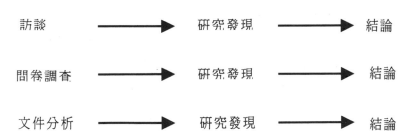

訪談　　　　　→　　　研究發現　　　→　　結論

問卷調查　　　→　　　研究發現　　　→　　結論

文件分析　　　→　　　研究發現　　　→　　結論

表 4-2　收斂與未收斂的多重證據來源
資料來源：COSMOS Corporation

94　　　　**使用多重證據來源的前提**　在此同時，之前就已暗示過，使用多重的證據來源對你或是任何其他的個案研究者來說，都增加了沉重的負擔。首先，收集由多重來源得到的資料，比起只從單一來源收集資料要更昂貴（Denzin, 1978, p.61）。第二，也更重要的是，每一個研究者都必須要知道如何操作各種不同的資料收集方法。例如個案研究調查者可能必須如同在歷史研究法中，收集和分析文件的證據；也要如同在經濟學和作業研究中一樣，搜尋並和分析檔案紀錄；還要像在調查研究時一樣，會設計和執行調查活動。如果這些方法的使用有任何不妥，那麼要探討更廣泛的議題、或是要建立收斂的探究線索之機會可能就不見了。因此，精通多重資料收集方法的需求，引發了一些關於個案研究調查者訓練和專門技巧的重要問題。

　　不幸地，許多研究生的訓練課程會較強調一種類型的資料收集活動，卻較忽略所有其他的，而有成就的學生也不太可能有機會去精通其他的技術。要克服這種情況，你應該尋求其他管道來取得所需的訓練和練習。其中一個方法是在一個跨學域研究的組織中工作，而不要限制在單一學術科系中。另一個方法，是分析不同的社會科學家關於方法論的著作（見 Hammond, 1968），根據有經驗的學者實際應用的結果，獲悉不同資料收集方法的優點和缺點。還有第三個方法，是設計不同的先導研究，這可以提供練習不同方法的機會。

　　不管經驗是怎樣獲得的，每一個個案研究的調查者都應該要精通各種收集資料的方法，才能在個案研究中使用

多重的證據來源。若沒有這種多重來源，就會失去個案研究策略非常寶貴的優點。

原則二：建立個案研究資料庫

第二個原則是有關組織和紀錄個案研究所收集到之資料的方式。在此，個案研究策略從其他策略所採用的實務中學到了文件紀錄通常包括了兩個**分離的**部分：

1. 資料或是證據的集合，以及
2. 調查者的報告，不論是以文章、報告或是書本的形式。

隨著電腦化的檔案出現，這兩個集合間的差異就更爲明顯了。例如心理學、調查研究、以及經濟學等研究的調查者，可能會交換像資料錄音帶、文件記錄等，其中只包括實際的資料庫。像是在心理學中的行爲反應或測驗的成績、問卷調查中對每一個題回答，或是不同經濟指標的分數。在這裡，資料庫可以是另一個獨立的次級分析的對象，而與原始研究者的任何報告無關。

然而，對個案研究而言，區分獨立的資料庫和個案研究報告**尚未**成爲制度化的慣例。個案研究資料通常總是跟個案研究報告中所提出的證據是同義的，一個批判性的讀者並沒有足夠的資源，來檢驗這個引導出個案研究結論的資料庫。耶魯大學的人群關係領域檔案（Human Relations Area Files）是一個例子，這個檔案收藏了很多對不同文化

95

群體的民族誌學研究的「資料」，讓新的研究調查者可以取用。然而，此處的重點並不在需要一個集中的儲存，而是每一個個案研究計劃應該要努力發展一個正式、可以呈現的資料庫，使其他的研究者原則上可以直接查閱這些證據，而不會侷限於該計畫所寫的報告。靠著這個方法，個案研究的資料庫可以顯著地增加整個研究的**信度**。

對於大多數個案研究的成果而言，缺乏正式的資料庫是個案研究的主要缺點，而且將來必須要能改正。完成這個任務的方法有很多，只要你和其他的調查者意識到有這個需求，並且願意投入建立資料庫所需要的額外資源。同時，建立適當的資料庫並不會排除你在個案研究報告中提出充分證據的需要（在第六章中會進一步討論）。每一份報告仍然應該包含足夠的資料，使讀者可以得到個人關於個案研究的結論。

然而，這個建立個案研究資料庫的問題，在大多數關於「田野方法」的書中並沒有提到，以下一小節會以四個構面：紀錄（notes）、文件（documents）、表格資料（tabular materials）、以及敘事體（narratives），進一步說明建立資料庫這個問題目前的發展。

個案研究紀錄　對於個案研究而言，紀錄可能是資料庫最常見的構成要素。這些**紀錄**以各種形式存在，有可能是調查者的訪談、觀察、或是文件分析的結果。紀錄可能是手寫的、打字的、錄音帶、或是微電腦磁片。而記錄也可能會以日記、索引卡片等形式、或以一些較沒有組織的方法來收集。

96

不管形式或內容為何，這些個案研究紀錄，都必須要以日後能讓包括調查者在內的其他人有效取得的方式，保存起來。最常見的一種作法，是根據個案研究計畫書中所列出的大綱，將研究記錄依探討的主題分類保存下來；事實上只要其他人可以明白你所用的分類系統，任何的分類方式都可以採用。只有利用這個方法，研究記錄才能被取用成為個案研究資料庫的一部份。

將研究**紀錄**列為個案研究資料庫的一部份，並不意謂著研究者就必須要花很多時間重新改寫訪談紀錄，或者要作很多編輯的工作使紀錄可以見人。有人曾經建議（Patton, 1980, p.303）要編輯並重寫訪談稿，以建立這種個案紀錄，但這種作法卻可能誤導了事情的優先順序。這種編輯的工作應該對個案研究報告本身很重要，而不是對研究記錄。研究記錄唯一的重點，是需要被組織、分類及完整的保存，使以後有用時能夠取得。

個案研究文件　研究過程中，會收集到許多跟個案研究相關的文件。第三章中曾指出，個案研究計畫書中應該要說明如何處理這些文件，並且也提議建立這些文件的註解書目，是一個可以採用的方法。同樣的，這種註解應該會有助於保存和取得這些文件，所以日後的調查者就能夠來查閱或是分享這個資料庫。

這些文件的一項獨特特徵，是他們可能會需要大量的實體收藏空間。除此之外，不同的文件對於資料庫而言可能有不同的重要性，研究者因此可能會想要建立文件的主要檔案和次要檔案，主要的目標也是要使得日後要查閱或

瀏覽時容易取得所要的文件。有時文件會跟某次特定的訪談有關，也需要建立額外的相互參照表，在訪談記錄中條列出相關的文件以方便檢閱。

表格的資料　資料庫可能會包括表格的資料，可能是由研究的場所中收集而來，也可能是研究團隊自行整理出來的。這樣的資料也必須要組織和保存，日後才能檢索出來使用。

表格的資料可能包含調查報告或其他量化的資料。例如，整個研究中可能在某一個或幾個研究場所中，進行了調查研究，在這種情形下，表格的資料甚至可能是存在電腦檔案中的。以另一個例子來說，個案研究在處理檔案的或是觀察的證據時，可能會對各種現象「計數」（見Miles, 1979），由研究團隊所處理的這些計數的文件證明，也應該要加以組織並保存，作爲資料庫的一部份。簡言之，任何表格的資料，不論由調查、觀察計數、或是檔案資料得到的，都可以以類似於他們在其他研究策略中所用的方式來處理。

敘事體　某些敘事的形式也可能構成正式資料庫的一部份，而不是最後個案研究報告的一部份。這個事實可以在一個應該經常使用的實務方法中反映出來：也就是要求個案研究調查者對**個案研究計畫書中的問題撰寫開放式的答案**。這個方法在作者所設計的多重個案研究中（見方框二十一），曾經用過許多次。這些開放式的問題和答案經修正後，甚至可以直接作爲最後的個案研究報告的基礎，這在第六章中會有進一步說明。

方框二十一
個案研究資料庫中的敘事體

有一系列十二個關於在學校中使用微電腦的個案研究（Yin ＆ White, 1984），每一個個案研究都是以計畫書中約五十個開放式問題的答案為基礎，這些問題如微電腦的數目和位置（一個有關清單的問題，需要表格和敘述式的答案）、在校區中微電腦和其他計算系統之間的關係、以及這個校區所提供的訓練和配合的事項。

個案研究調查者的首要責任就是要儘可能完整地回答這五十個問題，並在註腳中標示出具體的證據來源，這些還沒有編輯過的答案，可以做為個別個案研究報告，和跨個案分析的基礎。資料庫的可利用性，意味著個案研究團隊的其他成員甚至是在個案研究報告完成之前，就可以瞭解在每一個不同「場所」中的事件。這些檔案留下了可再被利用的豐富證據來源，甚至可作為另一個研究的一部份。

在這種情形下，每一個答案都代表了嘗試整合現有的證據，以及將相關事實和暫時性的解釋加以收斂的結果。事實上這是一個解析的過程，也是個案研究分析的主要部分。這種答案的形式可以看做是在研究所課程中所採用的「課堂外」（take-home）的資格考試（comprehensive exam），而調查者即是答題者，他或她的目標是要提出相關的證據以撰寫適當的答案，不論證據是從訪談、文件、觀察、或是檔案而來。開放式答案的主要目的是要利用註腳和引用等方式，紀錄個案研究中不同議題和所收集到的特定證據間的連結關係。

這些答案全部都可以作為個案研究資料庫的一部份，
調查者或任何其他有興趣的人，都可以利用這個資料庫來
撰寫實際的個案研究報告。如果沒有撰寫個別個案的報告
（這種情形見第六章），這些答案也可以作為接下來跨個
案分析的資料庫。同樣的，因為這些答案是資料庫而不是
最後報告的一部份，所以研究者不應該花太多的時間來處
理其展示的問題，換句話說，他們不需要做許多零碎討厭
的編輯工作（有些答案可能甚至還是手寫而不是打字
的）。好答案最重要的特質，是他們確實透過適當的引
證，連結了具體的證據，和相關的個案研究議題。

原則三：發展一連串的證據鏈（A Chain of Evidence）

在個案研究中，要增加資訊的**信度**，另一個要遵循的
原則就是要發展一連串的證據鏈（a chain of evidence），
這個原則是以類似於在刑事調查上的一些想法為基礎的。

這個原則要求讓個案研究的外部的觀察者，能夠從一
開始的研究問題，跟隨著相關證據的引導，一直追蹤到最
後的研究結論。此外，外部的觀察者還應該要能夠從不同
的方向來追蹤（從結論返回一開始研究的問題，或是從問
題到結論）。就如同刑事的證據，這個過程應該要足夠嚴
密，以確保在「法庭」中所呈現的證據，亦即個案研究報
告，和資料收集過程中，在「犯罪」現場收集的證據是相
同的；另一方面，沒有任何原始的證據會因為不小心或偏

見而遺漏，因而在考慮個案的「事實」時，未受到應得的注意。如果這些目標都能夠達到，那麼這個個案研究也處理方法論上決定構念效度的問題，因此提升了整個個案的品質。

想像以下的情景，你已經讀了一篇個案研究報告的結論，而想要知道更多有關這個結論的來源，並返回追溯研究的過程。

首先，報告本身對於個案研究資料庫相關的部分應該有足夠的引證（citation），例如引用特定的文件、訪談、或觀察紀錄（有一個相反的例子見方框二十二）；第二，在需要檢驗時，資料庫應該要能顯示出真實的證據，並且也能指出這些證據是在什麼樣的情況下收集的，例如訪談的時間和地點；第三，這些情況也應該與個案研究計畫書中計畫的具體步驟和問題一致，以顯示資料收集遵循了個案研究計畫書中所約定的程序；最後，閱讀計畫書應該能夠指出計畫書的內容和研究起始問題之間的關聯。

方框二十二

描述性個案需要證據

拿描述性的個案研究跟解釋性的個案研究相比，通常會被認為這種個案是比較不吃力的。描述性的研究很少會被認為需要什麼理論、也不需要建立因果關係、而且分析也很少，期望個案研究調查者做的，只是簡單沒有約束的「據實說出」（tell it like it is）而已。

Sara Lightfoot（1981）在 *Daedalus* 中發表的三篇《模

範高中的寫照》（Portraits of Exemplary Secondary Schools）
的文章，就是這種描述性個案研究的例子。其中每一個個案
都包含了一間著名的高中，包括他的教職員和課程、一些關
鍵的事件、以及每天學校生活的點滴。就像藝術作品一樣，
對每一個學校而言這些「寫照」都是特殊的，沒有遵循任何
共通的理論架構。

　　然而甚至在這種情況下，也必須要引用相關的證據。
這些個案研究的一個主要缺點，是其中沒有任何一個有任何
註腳，來引用特定的訪談、文件、或觀察紀錄。讀者無法分
辨作者所使用的證據來源，因此也無法獨自判斷資訊的信
度，這些問題會逐漸地破壞整個案研究的可信度。

　　總結來說，藉由方法論的程序以及所得到證據間的交
互參照，你已經因此能夠由個案研究的一部份推展到另外
的一部份，這也就是最後所需要的「一連串證據」。

摘要

　　這一章已經檢視了六種類型的個案研究證據、這些證
據如何收集、還有有關資料收集過程中的三項重要原則。
　　個案研究的資料收集過程，比起其他研究策略的過程
更為複雜。個案研究調查者必須要能熟悉多種方法，在使
用其他研究策略時並不一定有這種需要，調查者還必須要
遵循一些正式的程序，以確保資料收集過程的**品質控制**。

以上所敘述的三項原則是要達成這種要求的步驟，其目的並不是要束縛有創造力的天才，或是具有洞察力的研究者，而是要讓這些過程儘可能明確，使最後所得的結果，也就是收集到的資料，能反應對於構念效度和信度的考量，也因此值得做進一步的分析。下一章的主題，將會討論要如何進行這種分析。

習題

1. **利用證據**　選一個這本書的方框中提到的個案研究，閱讀這個個案研究，並舉出五項對這個個案研究而言重要的「事實」。如果有的話，針對每一項事實，指出用來定義這項事實的證據來源。其中有多少有超過一個以上的證據來源？

2. **確認證據的類型**　舉出一個你想要研究的個案研究主題，針對這個主題的某些面向，列出可能相關的特定證據類型有哪些，例如如果是文件，那麼是哪種文件？如果是訪談，那麼受訪者是誰？問題是什麼？如果是檔案紀錄的話，又是哪些記錄或哪些變數？

3. **尋求收斂的證據**　舉出一件最近在你的日常生活中發生的特殊事件，如果你想要說明發生了什

麼，你要如何來建立這個事件的「事實」？你會訪談任何重要的人（包括你自己）嗎？有沒有任何可以信賴的人造物或文件證明？

4. **練習發展資料庫** 針對前一個問題中的主題，寫一份簡短的報告（打字不要超過兩頁）。在報告一開始寫出你想要回答的主要問題，接著提出答案，並且引用你所使用的證據（報告的格式應該要包含註腳）。想像這個問題和答案的組合，是如何可能成為你整個個案研究「資料庫」的一部分。

5. **建立一連串的證據鏈** 敘述一個你要進行的個案研究中，可能會得到的假設性結論。而後反向作業，列出可以支持這個結論的特定資料或證據。同樣地，再次反向工作，列出計畫書中可以引導你收集到這些證據的問題，以及進一步可以引導出這些計畫書中設計之問題的研究問題。你了解這一連串的證據如何形成？以及如何在追溯這串證據時向前或是向後移動嗎？

101

註釋

1. Barzun & Graff（1985, pp. 109-133）對查證文件證據的方法提出了極佳的建議，包括了決定文件真正的作者這類重要的問題。

2. 這個練習可以用 Bernstein & Woodward 關於水門事件醜聞的暢銷書（1974）有效的說明。從發表在**華盛頓郵報**中之個別文章的撰寫方式，反應了兩位作者的田野工作中，不斷地提供所有參與者表達他們個人觀點，或否定其他人的敘述的機會。如果關鍵的人物不願意說明，文章的附註也會說明這種情形。

5

分析個案研究證據

　　資料分析包含檢視、分類、列表、或是用其
他方法重組證據，以探尋研究初始的命題。由於
過去並沒有對策略和技術好好地下定義，分析個
案研究證據因此特別困難。無論如何，任何調查
都應該要由一個一般性的分析策略開始，也就是
要先瞭解要分析什麼、以及為什麼要分析的這個
優先順序。

　　在這種策略中，可以使用四種主要的分析技
術：類型比對（pattern-matching）、建立解釋
（explanation-building）、時間序列（time-series）
分析、以及程序邏輯模式（program logic
model）。這幾種技術都適用於單一或多重個案研
究的設計中，而且每一個個案研究也都應該要考
慮到這些技術。此外還有些其他類型的分析技
術，也可能用來處理一些特殊的狀況，例如個案
研究有嵌入的分析單元、或是要分析大量的研究
個案時。這些其他的策略應該要與這四個主要的

技術結合，而不是單獨使用。

一般的分析策略

對分析策略的需求

　　對個案研究來說，分析個案研究的證據是其中最少被討論，也是最困難的問題之一。許多調查者在開始進行個案研究時，對要如何分析證據卻連最模糊的概念都沒有（儘管第三章中曾建議，發展分析方法是個案研究計畫書的一部份）。這種調查在分析階段很容易就會變成進退不得；作者曾有位著名的同事，他就是只能把個案研究資料擺上好幾個月，卻不知道要怎麼處理這些證據。

　　由於這個問題，有經驗的個案研究調查者跟初學者比起來，在此分析階段可能佔有很大的優勢。個案研究的分析跟統計分析不一樣，很少有固定的公式或是如食譜的說明來指導初學者（Miles & Huberman, 1984，是少數一本嘗試這樣做的教科書）。相反的，分析大多是依賴研究者本身嚴密的思考風格，再加上呈現充分的證據，以及謹慎考慮了其他的解釋。

　　這種觀察使得有一些人建議，利用統計分析處理個案研究資料會是一種成功的分析方法，例如把事件編碼成數

值資料。當在個案研究中有嵌入的分析單元時,有可能可以使用這種「量化的」個案研究(Pelz, 1981),不過這種方法依然無法解決只有一個或很少個案時,要分析整個個案此一層次的問題。

另一個建議的方法,是利用各種不同的分析**技術**(見 Miles & Huberman, 1984),如:

- 把資訊排放放在不同的系列(arrays)中
- 製作一個分類矩陣,並且把證據放入分類中
- 利用流程圖等不同的工具,創造資料呈現的方式來檢視資料
- 將不同事件的頻率製成表
- 利用計算如平均數、變異數等二級資料的方法,檢視這些表格的複雜性和其中的關係
- 根據時間先後次序,或是利用一些其他的時序架構排列資訊

這些的確都是有用而且重要的技術,而且在進行真正的分析之前,也應該要先使用這些技術來整理證據。這種初步的資料處理是用來克服前述進退不得之問題的一種方法,在處理時也必須小心謹慎,以避免造成有偏見的結果。

雖然如此,一開始先建立一個一般性的分析策略,比上述這兩種方法更為重要。其最終目的是要公平地處理證據,以排除其他的解釋,產生令人信服的分析結論。一般策略的角色是要幫助研究者選擇所要採用的分析技術,以

成功完成研究的分析階段。以下將先描述兩種不同類型的策略，之後則要說明個案研究分析的具體方法。

兩個一般性策略

依賴理論的命題 第一個也是較受喜愛的策略，是遵循引導出這個個案研究的理論命題。個案研究一開始的目標和研究設計都是以這些命題為基礎，而命題則反應了一組研究問題、新的觀點、和文獻回顧的結果。

104 由於資料收集計畫應該是根據命題擬定的，因此命題可能已經指出了相關的分析策略之優先順序。舉例來說，有一個關於政府間關係的研究（Yin, 1980），是根據一個命題，認為聯邦政府的專款不只具有重新分配金錢的效果，而且還會在地方的層級造成新的組織變革。這個研究在幾個不同的城市中追蹤了這個基本命題，有一些以區域性的規劃組織、民眾行動團體、或其他地方政府本身的新單位等形式，建立的「相對」官僚機構，都是和特定的聯邦政府計畫有關。對每一個城市而言，個案研究的目的是要顯示出在相關的聯邦政府計畫改變**之後**，如何形成或改變了地方性的組織；以及顯示出這些地方性的組織如何代表了聯邦計劃利益，雖然他們可能是地方政府的一部份。

這個命題是理論的導向引導個案分析的一個例子，命題很明顯的有助於集中注意力在某些資料上，並且忽略掉其他的資料（有一個很好的測試，是假設你只有五分鐘的時間，來為你個案研究中的命題辯護，此時決定你可能會

引用哪些資料）。命題也有助於組織整個個案研究，定義要檢驗的其他解釋。以這種方法，關於因果關係的理論命題，也就是對「如何」和「為什麼」等這類問題的答案，在引導個案研究分析時會是非常有用的。

　　發展個案的描述　第二個一般性分析策略，是發展一個描述架構，來組織個案研究。這個策略沒有理論命題的策略好，但是當理論命題不存在時，是個可以採用的替代選擇。

　　有時候，個案研究原始的目的可能就是描述性的，例如一個著名的社會學研究 *Middletown*（Lynd & Lynd, 1929）就是一個例子，這是對一個小型的中西部城市進行的個案研究。除了本身就是一個豐富的和歷史性的個案所具有的經典價值之外，*Middletown* 有趣的地方是它的結構，這可以由它的章節反映出來：

- 第一章：求得生計
- 第二章：組成家庭
- 第三章：訓練年輕人
- 第四章：休閒時間
- 第五章：從事宗教活動
- 第六章：從事社區活動

　　這些章節包括了在二十世紀初期，也就是 Middletown 這個研究進行的時候，與社區生活相關主題的範圍，這個描述的架構也組織了個案研究的分析。（附帶一提：注意現存的模範個案研究的結構，是一個有用的練習，本書的

105

方框中引用了一些這種模範的研究，檢視他們的目錄，其中隱含了不同分析方法的線索。）

在其他的情境中，個案研究原始的目的可能不是描述性的，但是描述的方法可能有助於確認要分析哪些適當的因果關係，這種分析甚至可能是量化的。方框二十三的例子，是一個關於實施地方經濟發展計劃之複雜性的個案研究。研究者了解到，這種複雜性可以用：「要成功實施這個計畫所需要面對的多重決策」來**描述**。這個深刻的描述方式導致了後來列舉、表列、以及量化各種不同決策的工作。就這個意義而言，描述性的方法可用來確認（a）可被加以量化的事件的類型，以及（b）這種複雜性的整體型態，它最終將以一種因果的方式，被用來「解釋」實施為什麼會失敗。

106   **總結**   爲進行個案研究分析最好的準備，就是建立一個一般性的分析策略。我們已經說明了兩種策略，一種倚賴理論的命題，另外一種則由對個案的描述方法開始。這兩種一般的策略是以下所要介紹的具體分析程序的基礎，沒有這些策略（或是其他替代的策略），進行個案研究的分析將會有困難。克服這種困難的一個方法，是用一些我們已經提到過的技術來「玩弄資料」（play with data）。然而，如果沒有一般性的策略，對於玩弄資料又不熟悉的話，那麼整個研究就可能會有危險了。

這個章節剩餘的部分將說明在一般性的策略中，所採用的特定分析技術。其中又分了兩組，首先是「主要的分析模式」，包括四種重要的技術（類型比對、建立解釋、

時間序列分析、以及程序邏輯模式），這一組特別著重於處理先前所提到的，如何在進行個案研究時建立**內在效度與外在效度**的問題（見第二章）。第二組是「次要的分析模式」，包含了一些通常必須要跟一種主要模式同時使用的技術。

方框二十三
量化個案研究的描述要素

　　Pressman & Wildavsky 的書《**實施：華盛頓的偉大期望如何在奧克蘭毀滅**》（*Implementation：How Great Expectations in Washington Are Dashed in Oakland*）（1973），被認為是對於計畫實施最重要的一項研究之一。實施指的是在特定的組織中完成一些計劃性的活動的過程，例如經濟發展專案、學校中的新課程、或是犯罪預防計劃。這個過程很複雜，其中涉及了很多不同的成員、組織規則、社會規範、並且混合了不同的好的與壞的意圖。

　　這樣複雜的過程，也適用量化的探究和分析嗎？Pressman & Wildavsky 提出了一個創新的解決方法。計畫實施的成功在某種程度上，可以用一連串的決策來**描述**，因此分析者可以將個案研究的一部份著重在這些決策或要素的數量與類型。

　　因此，在標題為「共同行動的複雜性」（The Complexity of Joint Action）的章節中，作者分析了在奧克蘭遇到的困難：要實施一個公共的工作計劃，總共需要 70 個伴隨而來的決策，包括計劃核准、租約的協商、合約的轉讓等。這個分析檢視了這 70 個決策每一個決策時要達成協議的層級，以及達成協議所需要的時間。在意見紛歧與時間的滑逝這些一般性的條件底下，作者藉由數量化的分析，說明

主要的分析模式

類型比對

　　對於個案分析而言，利用類型比對的邏輯是最適合的策略之一。這種邏輯（Trochim, 1989）比較了以實徵為基礎的類型和理論或假說所預測的類型（或是跟幾個其他的預測比較）。如果兩個類型相符合的話，結果將有助於個案研究增強本身的**內在效度**。

　　如果是解釋性的個案研究，這些類型可能會跟研究的自變項或依變項有關（或是兩者）。如果是描述性的個案研究，只要在收集資料之前就已先定義好特定變相間所預期的類型，類型比對仍然是相關的技術。

　　以不相等的依變項（*nonequivalent dependent variables*）**做為一種類型**　　這種依變項的類型可能是由一個或數個被稱為「不相等的依變項設計」（nonequivalent, dependent variable design）（Cook & Campbell, 1979, p. 118），這種具說服力準實驗研究設計所衍生而來的。根據這個設計，實驗或準實驗中可能會有多個依變項，每個依變項都會有不同的結果。對任何一個結果而言，如果出

107

現了一開始所預測的值，而同時卻未出現其他的「類型」所預測的值（包含那些人為由方法論所推演出來的類型、或者是對效度的「威脅」），那麼就可以得到較強的因果推論了。

例如，假設你正在研究一個關於新安裝的辦公室自動化系統影響的單一個案。你的主要命題，認為因為這個系統是分散式的，意即系統中每一個如文書處理器等的自動化設備，都可以脫離中央電腦而獨立作業，因而將會造成某種特殊類型的組織變革與壓力。根據前述的分散化理論，你可以具體的指出其中一些變革與壓力如下：

- 員工將會創造這些辦公室設備新的**應用方法**，而且每一個員工的應用方法都是特殊的；
- 傳統的**管理**鏈會受到威脅，例如對工作任務的管理控制，此外還會減少使用集中的資訊來源；
- **組織的衝突**會增加，這是由於新系統和組織現有的電腦主機系統之間競爭資源的結果；不過雖然如此，
- **生產力**將會增加，超過安裝新系統之前的水準。

在這個例子中，這四種結果每一個都表示了不同的依變項，你應該要以不同的方法和工具來評鑑這些結果。如此，你的研究就有了一組特定的不相等的依變項，而且你也已經預測了一個包含所有這些變項之結果的整體類型。如果結果如你所預測，那麼對於辦公室自動化分散式的影響，你就可以得到一個可靠的結論。然而，如果顯示的結

果和所預測的完整類型不一致，那麼就應該就質疑你的初始命題了。

接下來第一個個案的結果可以經由第二個個案加以擴大，第二個個案安裝了另外一個辦公室自動化系統，但是卻是集中式的系統。也就是說，每一個個人工作站的設備都連接到同樣的網路，而整個網路都是由中央運算設備（一種「共享邏輯」的系統）所控制。此時，用上面所列同樣的四個依變項，你可能會預測不同的結果類型。如果結果顯示分散式的系統（個案一）產生了所預期的類型，而此第一種類型和集中式的系統（個案二）所預期的和所產生的不同，那麼你就可以對分散式的影響得到更強的結論。在這種情形中，你已經完成了一個在不同個案間的**理論複現**。（在其他的情形下，你也可能藉著兩個或更多的分散式系統的個案，而尋求**原樣複現**。）

108

最後，你可能會意識到，這個邏輯的效度也存在著某些威脅（見 Cook & Campbell, 1979，完整地列舉出這些威脅）。例如，可能有一個新的企業主管出現在個案一的辦公室中，因此留下了可以反駁的空間：研究結果所顯現的分散式的影響，實際上可能是來自於新主管的任命，而不是來自於新設置的辦公室自動化系統。為了處理這個威脅，你可能必須要在一開始的依變項中定出一個子集合，並且顯示如果企業主管才是造成影響的真正原因的話，這個子集合的類型會有所不同（在個案一中）。如果你只有一個單一個案研究，這種程序應該是不可或缺的，你必須用同樣的資料，來排除會造成潛在效度威脅的其他推論。

如同在我們所假設的例子中，如果有第二個個案，你也可以顯示有關企業主管的推論，可能無法解釋個案二所發現的類型中某些部分（此時個案中不包含公司的主管應該跟某些相反的結果有關）。你的根本目標應該是要找出所有對效度的威脅，進行重複的比較，以顯示這些威脅無法解釋在兩個假設的個案中呈現的雙重類型。

方框二十四
對立解釋的類型比對

一個常見的政策問題，是要了解在什麼條件下，研發活動會對社會有益。人們經常會認為研究只滿足了其本身的需要，卻無法符合實用的需求。

有幾個在探討這個主題的個案研究，都選擇採用一個結果已知的研發專案為研究對象。這些個案研究根據三種研究中最常見的模式，得到了一些對立解釋，以調查這些專案如何以及為什麼會產生如此的結果。這三種模式是：（a）研究發展擴散模式、（b）問題解決（problem-solving）模式、以及（c）社會互動模式（Yin & Moore, 1984）。每個個案中的事件都以類型比對的方法，跟各個模式的預測比較。舉例來說，問題解決模式認為事先存在的問題，是開始一個研發專案的前奏，但其他兩個模式並不需要這個條件。因此，這個例子可以說明不同的理論模式如何會預測到互斥的事件，因而可以促進有效的比較。

對於所有研究的個案而言（N=9），個案的事件呈現出最能符合第二和第三種模式的組合的結果。研究者利用了對立解釋來分析每個個案中的資料，以及跨個案的複現邏輯。

以對立的解釋為類型 第二種類型比對則是針對自變項的，在這種型態中（例如方框二十四的例子），幾個個案都已經確知有某些特定的結果，而調查則著重在說明如何以及為什麼每一個個案中會產生這些結果。

這種分析需要發展對立的理論命題並以可操作化的方式加以說明。這些對立解釋的重要特徵，是每一個都包含了一種自變項的類型，而且彼此是互斥的。因此如果其中一個解釋有效，那麼其他的解釋就不會是有效的了。這表示存在某些自變項（由一個解釋所預測的）會排除其他的自變項出現（由對立解釋所預測的）。這些自變項可能包含有許多不同類型的特徵或事件，每一個都是以不同的方法和工具來加以評鑑。然而，個案研究分析所關心的事是：結果所呈現的整體類型，以及這個類型和所預測的類型間的配適程度。

這種自變相的類型比對可以以單一個案或是多重個案來進行。對單一個案來說，成功地吻合其中一個對立解釋的類型，就可以作為這個解釋是正確的之結論的證據（而**109** 其他的解釋是不正確的）。此外，即使是單一個案，也應該要確認並排除對效度的威脅，基本上這些威脅組成了另外一組對立解釋。除此之外，如果在多重個案中得到完全相同的結果，那麼應該就完成了單一個案的**原樣複現**，而可以更肯定的提出跨個案的結果。然而如果是由於預期中的環境差異，在第二組個案中無法得到相同的結果，那麼就是完成了**理論複現**，一開始所得到的結果就會更為穩健。

較簡單的類型 同樣的邏輯也可以應用在較簡單的類型中，這些類型不論是自變項或是依變項的變化都很少。在最簡單的例子中，可能只有兩個不同的依變項（或是自變項），只要能先約定這兩個變項的不同類型，就有可能使用類型比對。

當然，變項越少，不同類型間就越需要有戲劇性的差異，才能比較出來。然而，在某些情況下這種較簡單的類型，不但是比較相關，而且也是令人信服的方法。一般性分析策略在此所扮演的角色，應該是要決定最好的方式，以儘可能鮮明的對比出任何差異，並對不同的結果發展理論上有效的解釋。

110

類型比對的精確性 針對這一點，就目前的發展來說，實際的類型比對程序並不包含精確的比較。在所預測的和真正的類型間的這個基本比對，並不包含數量的或統計的標準，不論所預測的是一種上述不相等的依變項之類型、以對立解釋為基礎的類型、或是一個簡單的類型。（由於在類型中每一個變項基本上都只有一個資料點，因此不會有「變異數」，所以現有所有的統計技術可能都無法使用。）

由於無法進行精確的比較，就留下了研究者詮釋結果的空間，研究者可能會過於嚴格並宣稱違反了所預測的類型，或是過於寬容並認為和預測一致。因此，若能發展更精確的技術，未來的個案研究就會有很大的改善。在這種改善產生之前，研究者都必須要很小心，不要假設一些很細微的類型，個案研究必須可能得到很顯著一致或不一致

的結果，甚至連使用「眼球運動」（eyeballing）的技術都足以能產生令人信服的結論。

建立解釋

事實上，第二種分析策略是類型比對的特殊型態，不過它的程序更為困難，所以值得分開討論。這種策略之目標，是要藉由建立對個案之解釋，來分析個案研究的資料（Yin, 1982b）。

就如同在本章中的應用方式，這種程序主要是跟解釋性的個案研究有關。對探索性的個案研究而言，類似的程序通常都被視為一個產生假說（hypothesis-generating）的過程中的一部份（見 Glaser & Strauss, 1967），但這個程序的目標並不是要對一個研究做結論，而是要發展進一步研究的想法。

解釋的要素　要「解釋」一個現象，就是要定出一組關於這個現象的因果連結，這些因果連結跟先前提到的對立解釋中的自變數非常類似。在大多數的研究中，這個連結可能會很複雜，而且難以用任何精確的方法來測量。

在現有的個案研究中，建立解釋大多是以敘事體的形式出現。因為這種敘事體不可能精確，較好的個案研究，111　其解釋需要能反應出一些有理論意義的命題。舉例來說，其因果的連結可能反映了公共政策過程，或社會科學理論上重要的見解，如果這個公共政策的命題正確，可以引出一些對未來政策活動的建議（見方框二十五 A 的一個例

子）；同樣的，如果這個社會科學的命題正確，也可以得到對建立理論的重大貢獻（見方框二十五，B 部分的一個例子）。

方框二十五
A. 在多重個案研究中建立解釋

多重個案研究的一個目標，是要建立可以適用於每一個個別個案的一般性解釋，即使每一個個案在細節上有所不同，這個目標和多重實驗的目標是類似的。

Martha Derthick 的《市中心的新城鎮：聯邦計畫失敗之因》（ *New Towns In-Town : Why a Federal Program Failed* ）（1972）一書，是關於強森總統（Lyndon Johnson）提出的住宅計劃。聯邦政府打算將其位於所選擇的市內地區的多餘土地，提供給地方政府住宅發展之用。但是在四年後，此一計畫在下列七個地點幾乎沒有進展：聖安東尼亞（San Antonio）、麻薩諸塞州的新貝德福（New Bedford）、舊金山、華盛頓特區、亞特蘭大、Louisville、以及密西根州的 Clinton Township，因此這個計劃可以說是失敗的。

Derthick 的報告先分析了在這七個地點中發生的事件，而後並發現了一般解釋的原因，也就是：「這些計劃無法得到地方足夠的支持」，並非在所有城市中都失敗的主要原因，因此這個解釋無法令人滿意。根據 Derthick 的說法，雖然當地的支持的確存在，「然而，聯邦官員已經說了，對如此一個具有野心的目標，在某個程度上必定會失敗」（p. 91）。因此 Derthick 提出了一個修改過的解釋，並認為「剩餘土地計劃之所以失敗，是由於聯邦政府在地方的影響力有限，而且又訂定了不可能達到的高目標」（p.

93）。

B. 在多重個案研究中建立解釋：
另一個領域的例子

Barrington Moore 在其標題為《獨裁與民主的社會起源》（*Social Origins of Dictatorship and Democracy*）（1966）的歷史研究中用了一個跟 Derthick 類似的設計，這本書是另一個在多重個案研究中建立解釋的例子，雖然這些個案事實上都是歷史上例子。

Moore 的書包含了在英國、法國、美國、中國、日本、以及印度等六個不同的國家中，由農業社會轉型到工業社會的例子，並且顯現出上層社會和農夫階級的角色這個主題，可作為普遍性的解釋。這個解釋對歷史學的領域有重要的貢獻。

111 　　**建立解釋的反覆本質**　　對於解釋性的個案研究而言，建立解釋的過程還不曾以可操作的方式加以完整記錄下來過。然而這個過程有一個重要的特質，也就是最後的解釋是一系列反覆活動的結果：

- 提出一初始的理論敘述，或是關於政策或社會行為的初始命題
- 拿這些敘述或命題和**一個初始個案**的發現相比較
- 修訂敘述或命題
- 修訂後的結果和個案其他的細節相比較
- 再次修訂敘述或命題
- **拿第二個、第三個、或更多個個案**的事實和修訂

版比較

- 如果有需要，繼續重複這個過程

就這個意義而言，最後的解釋可能並不是在研究一開始就完全規定好的，因此這方面和先前描述的類型比對方法不同。在此，需要先檢視個案研究的證據，修訂理論的命題，並再根據新的觀點檢視證據，以此反覆的模式進行。

逐步地建立解釋，就跟精鍊一組想法的過程類似。同樣的，準備接受其他**可能的或對立的解釋**，是這個過程中的一個重要特徵。就如前述的一樣，這個方法的目標，是要顯示在一組實際的個案研究事件下，為什麼無法接受這些其他的解釋。如果這個方法應用在多重個案研究中（如方框二十五），這個建立解釋過程的結果，會是跨個案分析的產物，而不僅僅是單一個案的分析。

在建立解釋中可能的問題　任何研究者都應該要預先注意到，這種個案研究分析的方法是具有危險性的。建立解釋的人需要有相當的智慧，例如在反覆的過程中，研究者可能會慢慢地開始漂流，遠離原先有興趣的主題。持續地提示探究的原始目的以及其他可能的解釋，可能有助於減少這個潛在的問題。在第三章和第四章中，也提到了其 **112**
他的預防措施，包括了利用個案研究計畫書（指出要收集什麼資料）、為每一個個案建立個案研究資料庫（正式地保存所收集到的完整資料、並且可以讓第三者查閱）、以 **113**
及追蹤一連串的證據鏈。

時間序列分析

　　第三個分析策略是進行時間序列分析，這可以直接比擬作在實驗或準實驗法中進行的時間序列分析。這些分析會遵循許多複雜的類型，在實驗和臨床心理學中，已經有幾本重要的教科書討論了這個主題（見 Kratochwill, 1978）；有興趣的讀者可以參考這些書，會有詳細的說明。所遵循的類型越複雜和精確，時間序列分析也就越能提供個案研究結論的一個穩固基礎。

　　Louise Kidder（1981）提出了定性研究中一個有趣的方法論分析，跟個案研究特別相關。他指出有某些類型的參與觀察研究實際上已採用了時間序列的設計，但其原來的研究者對此卻毫不知情。舉例來說，有一個關於導致使用大麻的事件之過程的研究，研究的假說認為最少有三個條件的順序，或者說「時間序列」是不可或缺的（Becker, 1963）：一開始吸大麻煙、稍後感到其影響、後來就享受那些影響。如果一個人只經歷了這三個步驟中的其中一個或兩個，而非全部三個，那麼根據假設，這個人就不會經常性的吸食大麻。未來還需要重複 Kidder 這種具洞察力的後設分析，來幫助揭露這種隱含的分析技術。

　　簡單的時間序列　跟更一般性的類型比對分析比較，在某個意義上時間序列的設計是較簡單的：在時間序列中，可能只有單一的自變項或依變項，此時如果有大量相關並可取得的資料項目，甚至可以用統計檢定的方法來分析資料（見 Kratochwill, 1978）。

然而，就另一個意義來說，這類型可能更為複雜。因為在一段時間中，這個單一的變項可能會有多次改變，而且並不會有很清楚開始以及結束的時間點。儘管有這個問題，追蹤在一段時間中發生之改變的能力，而不侷限於對某特定狀況跨橫斷面（cross-sectional）或靜態的評鑑，仍然是個案研究方法一項主要的優點。如果已經詳細並且精確的追蹤了一段時間內的事件，即使個案研究分析也應用了一些其他技術，還是可以採用某種類型的時間序列分析。

　　時間序列設計的基本邏輯，是一群資料項目形成的趨勢，和以下三個趨勢比較的配合度：（a）研究一開始就提出且具有理論意義的趨勢；（b）也是事先提出的一些對立的趨勢；以及（c）任何假造的或對內在效度具威脅的趨勢。例如在同樣一個單一個案研究中，對於事件在一段時間中形成的類型可能有兩種不同的假設，Campbell 在他一個目前很有名的，對康乃迪克州速限法令的研究中（見方框二十六，同時也見第二章，表 2-2），就是採用這種方法。根據一個命題，新法令（在時間序列中是一種「干擾」）實質上降低了意外死亡的人數。他據此可以提出一個時間序列的類型，而另一個類型則根據這種效果並未出現的命題提出。檢視實際的資料項目，也就是在數年間全年意外死亡的人數，可以決定所提出的時間序列哪一個最符合實徵證據。這種在同一個案中「受干擾的時間序列」之比較，可以應用在許多不同的情境中。

114

由 Donald Campbell 所寫的一篇經典文章 "Reforms as Experiments"（1969），是個時間序列分析的例子。雖然作者沒有把他的研究當作是個案研究，但事實上，他的分析說明了對一段時間內之一組簡單的資料，進行類型比對的方法，這種技術廣泛的被應用在各種不同的個案研究中。

Campbell 試著要比較兩個理論命題。首先，有人宣稱1955 年康乃迪克州降低車速限制，降低了全年意外死亡的人數。第二，另有主張認爲這項限制並沒有實際的效果。這個個案指出的事實，是雖然在新速限實施後那一年，意外死亡的人數下降了，但進一步觀察往後 10 年的死亡人數則顯示，第一年的下降幅度落於整個時期常態變動的範圍之內，因此速限並沒有任何效果。

Campbell 所做的，是收集單一時間序列（一段時間中每年意外死亡人數），並且將資料和兩種不同的解釋比對：一個「有效果」的解釋和一個「隨機變動」的解釋（見第二章的表 2-1）。這個研究得到的結果光用眼睛看就很清楚，不需要（事實上也沒做）任何統計的比較就可以確認。

115　　橫跨不同單一個案時，我們可以使用同樣的邏輯，並且假定不同的個案有不同的時間序列。例如一個關於城市的經濟發展的個案研究，可能舉出了一些理由，假定以製造業爲主的城市的就業發展趨勢比以服務爲主的城市差。這個研究所要取得的相關資料，可能包括了在一段時間之內，例如 10 年，每年的就業人口數字。研究可能會檢視這些資料，以瞭解在以製造業爲主的城市裡，是否有就業

機會逐漸減少的趨勢；而在以服務業為主的城市，就業機會卻逐漸增加。類似的分析也可也用來檢查在一段時間內，不同城市的犯罪趨勢、學校入學人數的改變、所推論的鄰里變革、以及許多其他都市指標的改變。

複雜的時間序列 如果在一個個案中所假定的趨勢較複雜，時間序列設計就也可能會更為複雜。例如，趨勢可能不僅僅是漸增或漸減而已，在同一個個案裡，也有可能會先增而後減。這種在不同時期存在的雙重類型，很可能只是更為複雜的時間序列中一種較簡單的形式而已。就如同在其他情況中一樣，個案研究策略的優點是他不僅僅能評斷這種時間序列的類型，而且還能對結果所看到的複雜型態發展出豐富的解釋，並拿結果跟這些解釋比較。

如果個案研究中相關的變項有一組，並不是只有一個，而在一段時間內，這一組變項中每一個都預測會形成一種不同的類型，那麼就會形成一種更為複雜的時間序列。關於鄰里變革的研究經常會有這種特徵，舉例來說，典型的鄰里變革理論認為，以下幾種改變的速度中，存在的時間延遲可能不一樣，如（a）居民的人口數、（b）小販與零售商、（c） 如教會，或公共服務中心等地方性的服務機構、以及（d）住宅的建造。當一個區域正在出現種族的改變、區域升級、或是其他類型常見的轉變時，這些轉變可能都要研究一段長達 10 到 20 年的時間。根據鄰里變革的理論，這些不同改變的差異是可以預測的。例如，某一種人口的改變（如從小家庭擴充到大家庭的一些微妙的改變）之後，會跟著出現一些市政服務的改變（如

學校入學人數和對街頭服務需求的增加），之後才會出現商店的轉型；此外，在這個過程中教堂的型態可能都不會改變。

方框二十七
鄰里指標在一段時間中的變化

　　在 1960 到 1970 年期間，許多城市區域似乎都遇到極度的衰退和沒落，因此對於鄰里與都市變革的關心達到新高。許多觀察者推測，美國核心城市的功能形式，事實上瀕臨消逝的邊緣。

　　由於這種關注，許多功夫以一個城市接著一個城市的基礎，持續地分類和追蹤各種不同指標的改變。甚至有一份研究（Yin, 1972；Yin, 1982a 再版）著重於火警發生的次數，以及真實的火警和假報的火警間，所反映出潛在不同的社會現象。火警的型態也跟很多其他的社會指標比較，包括犯罪趨勢、居民在住宅福利上的變化、以及都市服務的改變等。這種對都市和鄰里變革的研究方法，是一個多重時間序列設計和分析的例子。

116

　　這種研究可能經常會要收集一些關於鄰里的指標，這些指標本身很難獲得（見方框二十七），而可以分析的就更少了。但是如果撥出了適當的的時間和功夫，進行必要的資料收集和分析，也可能會得到令人注目的分析結果。例如有一個利用「受干擾的時間序列設計」，來檢視天然災害對社區長期影響的研究，這個研究在四個社區中，都花了很多資料收集的功夫，以取得所需的時間序列資料。

方框二十八說明了此多重個案的結果。

方框二十八
使用複雜的時間序列分析之個案研究

如暴風、龍捲風、或是水災等天然災害，可能會是造成一個社區毀滅的主要事件。在這種災害後，銷售和商業活動的的類型、犯罪以及其他人口變化的趨勢等，都可預期會因此而有所改變。

Paul Friesema 和他的同事（1979）在四個受到重大災害的社區中研究了這種改變，包括了加州的 Yuba City，1955 年；德州的 Galveston，1961 年；阿肯色州的 Conway，1965 年；以及堪薩斯州的 Topeka，1966 年等。在研究的每一個個案中，研究者對不同的經濟和社會指標都收集了豐富的時間序列資料。他們的分析顯示，這些災害事件雖然可能會有短期的影響，例如在十二個月的期間內，但是卻只有極少的長期影響。這個分析是在多重個案研究中，利用複雜時間序列技術的一個很好的例子。

一般而言，雖然較複雜的時間序列會造成更大的資料收集問題，但也會得到更為詳盡的趨勢（或是一組趨勢），使分析更為可靠。如果所預測的和真實的兩個複雜的時間序列一致，對於一開始的理論命題就得到了很有力的證據。

編年表（*Chronologies*）　在個案研究中，分析編年的事件是常用的技術，而且可以視為是時間序列分析的一種特殊形式。同樣的，編年的次序著重在先前提到過個案

研究的優點，也就是個案研究使得研究者能夠追溯一段時間中的事件。

把事件配置在編年表中，讓研究者可以決定一段時間內事件間的因果關係，因為原因和其結果的基本次序，在時間上是不可能倒轉的。然而，不像其他較為一般性的時間序列方法，編年表可能包含許多不同類型的變項，也不會限制於單一的自變項或是依變項。分析的目的是要將編年表與一些解釋性理論所預測的結果比較，在此理論已經指明了以下一項或是多項的條件：

- 一些事件必須永遠比其他某些事件早發生，相反的**順序**是不可能的。
- 一些事件必須總會**伴隨的**跟著出現某些其他事件。
- 一些事件只能在某些其他事件發生，一段事先確定的**時間經過**之後，才會發生。
- 在個案研究中，可能會根據所發生的事件分類不一樣，而標示出一些不同的**時期**。

如果個案中，經由研究者很小心的決定並紀錄下來的真實事件，遵循了一個所預測的事件順序，而不是其他那些也可令人信服的對立順序，這個單一個案研究就同樣的可以再次成為因果推論的起始基礎。如果再跟其他個案相比較，並且仔細地考慮到了對內在效度的威脅，就可以進一步支持這個推論。

時間序列分析提出結論的條件 不論時間序列所假設

的本質爲何，個案研究的重要目標，是要檢視在一段時間中，相關事件間一些有關的「如何」以及「爲什麼」的問題，而不僅是觀察時間的趨勢。在時間序列中出現的干擾，提供了可以假定爲因果關係的機會；同樣地，編年表的順序也應該包含因果的假定。在另一方面，如果研究的目的僅在分析時間上的趨勢，就如同在描述性的研究中，因果推論並不重要一般，那麼一些非個案（non-case）研究的策略可能更爲適合，例如在一段時間內，消費物價變化趨勢的經濟分析。

在個案研究中使用時間序列分析時，有一個重要的工作，是要確認此一研究所要含括的時間區隔，以及這段時間中所要追蹤的特定指標。只有經由這種事先的確認，才可能一開始就收集到相關的資料，而且能正確的減少分析的工作。

程序邏輯模式

第四個策略事實上是類型比對和時間序列分析兩種策略的結合。類型比對的結果，會得到自變項和依變項間主要的因果類型（Peterson & Bickman, 1992; Rog Huebner, 1992），但這種分析也刻意的假定了這個自變項與依變項間的關係，是發生在一段時間中（時間序列）的一連串複雜事件（類型）。這種策略對於解釋性、探索性的個案研究，會比對描述性的研究更爲有用。

Joseph Wholey（1979）在都市協會（Urban Institute）

任職時，首先提出了「程序邏輯模式」的想法。他用這個概念，來追溯一些為了達到特定目標，而產生之公共政策的手段中之相關事件。這些介入的手段一開始的立即結果是會引發某些活動，這些立即的結果又會依次產生一些中間結果，而後得到最後的結果。

舉例來說，為了達到目前在教育圈中受到重視的「美國 2000」的學校改革目標，因而提出了一個對學校新的方案。這個新方案的一個結果，是在學校中課餘的時間設立了一組新的活動，這些活動提供了學生和他們父母一起共同練習的時間（立即的結果）。根據報導，這個立即結果的成果，增加了學生、家長、以及教師對教育過程的了解和滿意度（中間結果）。最後，這些練習和滿意度促進了學生和家長對某些觀念的學習（最後的結果）。

在這個例子中，個案研究分析應該要提供實徵資料，以支持（或挑戰）這個邏輯模式。分析應該要考慮到其他對立的事件序列，以及一些可能有關的外部事件（spurious external events）其潛在的重要性。如果資料支持一開始所假設的事件序列，而且對立的序列都無法成立，分析的結果就可以宣稱一開始學校改革的介入活動，和後來促進學習之間有因果關係。對探索性個案研究來說，結論可能會認為某種特定的事件次序是不合邏輯的，例如在一開始介入的時候，其企圖並不是要提升學習成效。

除了公共政策以外，這個程序邏輯模式的策略還可以應用在很多種不同的情況中。其中一個關鍵的要素是假設

有一些彼此連結在一起，重複出現的因果事件序列。這個連結越複雜，個案資料分析就越能可靠的判斷這段時間中的事件和預測是否一致。

次要的分析模式

個案研究還可能會用到三種「次要」的分析模式：（a）分析嵌入式的分析單元、（b）重複的觀察、以及（c）個案調查的方法。然而這次要的模式的方法並不完整，因此必須要跟一種主要的模式結合，才能得到完整並令人信服的分析。以下將說明其原因。

分析嵌入式的單元

當個案研究設計包含嵌入的分析單元，也就是說，有一個比個案本身還小的分析單元，而且對這個單元也收集了很多資料項目（見第二章），此時幾乎所有社會科學中的分析技術，都可以作為這種設計的分析方法。

舉例來說，嵌入的單元可能是一組問卷調查的結果，例如單一個案中，可能會對當地官員或居民進行調查。另外一種嵌入的單元，可能是檔案記錄中的一些指標，例如單一個案中可能收集了關於住宅供給或市場的資料。最後，嵌入的單元也可能是某些服務的結果，例如單一個案

所研究的組織單位，在一段時間內服務的顧客人數。

　　在這每一個例子當中，採用的分析策略都需要能反映與嵌入單元相關且即將被檢驗的命題。這些命題會跟整個個案的命題有關，但是並不相同。實際的分析技術可能包括了調查分析、經濟分析、歷史研究分析、或者甚至是作業研究。在每一種情境中，這類分析和一般的調查、經濟、歷史等研究、或作業研究等方法的差異，在於其分析單元是清楚地嵌入在一個較大的個案中，而此較大的個案則是研究的**主要**對象。如果嵌入的單元本身是關注的主要焦點（或是允許這種情形發生），而此較大的個案則成為一較不重要的背景，那麼這種工作就不應該被視為是一個個案研究，而應該使用一些其他的研究策略。

　　這個特質在嵌入式的多重個案研究中最明顯。在這種情形下，對於嵌入式分析單元必須先進行**在一個個案中**（*within in each case*）的分析，分析的結果必須要在單一個案的層次解釋，可能在單一個案中會作為類型比對或建立解釋時的相關因素之一來處理。接著，遵循著多重個案的複現模式，會跨個案的比較每一個單一個案中的類型或解釋。最後，由多重個案所引出的推論會成為整個研究的結論。

　　在另一方面，雖然處理相同的資料，但如果研究實際上並不是一個個案研究，就會採用不同的分析程序。在這種情況下，對嵌入單元會先進行**跨個案**（*across cases*）的分析，將不同個案的資料都匯集在一起。而後將個別個案視為這個匯集之資料中的一個背景情境，可以增加分析的

結果，但分析中並不會正式的嘗試建立個案內的資料以及個別個案情境間的關係；不同個案間，也不會應用到複現邏輯。在這類的研究中（如對不同城市間通貨膨脹速率的調查或經濟研究），主要的結論是要處理匯集的嵌入式單元，而個別的個案則是次要的。這種研究並不是一個個案研究。

簡而言之，如果是一個貨真價實的個案研究，任何嵌入式的單元都是在單一個案之內分析的（而不是匯集的）。除此之外，這些分析並不能單獨使用，在「整個」個案的層次，必須要結合一些其他的分析技術，如類型比對、建立解釋、時間序列、或程序邏輯模式等。

重複的觀察

重複的觀察是另一種次要的分析模式。如果是要觀察一段時間，這類型的分析可以視為是時間序列分析的一種特殊型態。但重複觀察也可以以跨區域（cross-sectional）的方式進行，例如在重複的「場所」中，或是在同一個個案中探討其他的嵌入式的分析單元。因為這個原因，重複觀察就被視為一種與時間序列分析不同的分析方法。

舉例來說，有一項對一個全國性，大規模的報告系統的評鑑（一個單一個案），指出了一個需要注意的問題：這個系統要求學校在秋季報告學生測驗的資訊，而後在春季又再報告一次。在此系統假設之前與之後的資料如果有任何變化的話，可以用來代表在學這年中進行補償教育的

121

成果（Linn et al., 1982）。然而這個評鑑發現，從秋季到春季有明顯的改進，是受到學生在這段期間內會正常進步的這個事實的影響；因此這個評鑑建議，比較公平的衡量方法，應該是要以全年為基準來比較學生的學習成效。研究顯示出在研究的那一年中，對小學中的不同年級，也就是跨不同年級的重複測試來說，秋季和春季間的比較和全年的比較比起來，可能會得到一些較受到偏好的人為事實（見表 5-1）。

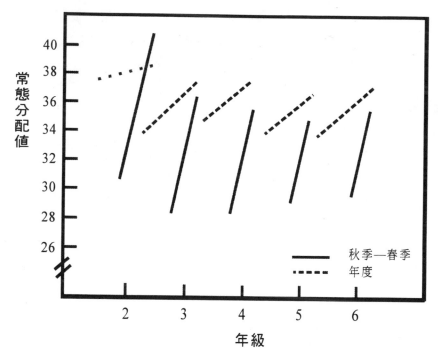

表 5-1 重複觀察的圖解
資料來源：Linn et al.（1982）

如果採用這種類型的分析，這個個案研究就是遵循重複觀察的分析方法，不論是跨不同教室、學校、學生或其他的分析單位的重複觀察。由於這種分析方法不太可能反映出個案研究中關心的所有議題，因此重複觀察只是一種次要的分析方法。就如同在所舉的例子中，個案主要的焦點是補償教育的成效，而不僅僅是秋季至春季的一系列測驗，因此可能會需要用其他對「整個」個案分析的方法，來擴大重複觀察的結果。

進行個案調查：跨個案的次級分析

最後一種方法只有在個案數目很多的情況下才可以使用。例如對某些主題的次級分析，如民眾參與城市服務（Yin & Yates, 1975）、或是城市服務的創新（Yin, Heald, & Vogel, 1977）等，都可能以二百或三百個以上的個案為基礎，這些個案並不是單一研究的結果，而是代表了無數研究的「文獻資料」。

個案調查方法需要發展封閉式（closed-ended）編碼的問卷，並且應用在每一個個案研究中。編碼者或是閱讀分析者，會根據每個個別的個案來填答這份問卷，而後就會以一般問卷調查中的方法，記錄並分析所收集到的資料（Lucas, 1974; Yin, Bingham, & Heald, 1976; Yin & Heald, 1975）。如同一般的調查研究，研究者可以交叉檢查這些編碼並評鑑其信度，此時個案調查的結果本質上是以數量資料為主的。如果個案的數量夠多，就可以用統計方法檢

122

驗不同的相關命題；此時可採用類目編碼（categorical codes），以一些創新的線性對數（log-linear）及離散變數分析技術（見 Bishop, Fienberg, & Holland, 1975; Goodman, 1978）來分析這些資料。

然而，這種個案研究分析不應該和另外兩種方法混淆。首先，個案調查是**跨**個案分析的一種方法，和在**同一個**個案中，對嵌入式分析單元可能採用的**數量**分析不同。第二，更重要的是，就跨個案的技術來說，個案調查相對於先前所描述的多重個案分析而言，它受到了很嚴厲的限制。

這是因為個案調查不太可能達到理論上或統計上的概化。理論上的概化之所以有困難，是由於（作為一種次級資料分析）個案選擇並不是研究者能夠控制的，因此不像真正的多重個案設計，可以任何複現邏輯為基礎來選個案（極少數的情境中可能有例外，例如做為同一個研究中的部分工作來設計並進行了上百個個案，此時個案調查就是一種初級的而非次級的分析技術）。同樣地，統計上的概化也有問題，這是因為個案選擇是在研究者控制之外，也不是建立在任何抽樣邏輯之上。

123

然而，進行個案調查時，這個概化的問題並非總是很重要的。調查可能只是針對某一主題簡單的綜合現有的個案，此時理論上和統計上的概化都不是重點。因此，如果研究目標很明確的就是要作次級分析，譬如說要瞭解對於某一主題，「現有的文獻到底說了什麼」，個案問卷就是一種可以採用的技術。事實上，在這種情形下，跟其他

「文獻回顧」的方法比起來，後者一般而言，對相關研究的選取以及不同研究之重要性的判斷，反而可能是比較主觀的，因此較其他方法為佳。個案調查的技術可以減少這些誤差，在可以採用這個技術的時候，他通常是一個較好的選擇。然而，在設計和進行一組新的個案研究時，個案調查不應該是所考慮的主要分析模式。

對高品質分析的迫切需求

不論採用了哪種特定的分析策略，你都必須盡可能的來確保你的分析達到了最高的品質要求。所有好的社會科學中，至少都有四項基本原則（Yin, 1994），這些都是你需要注意的。

首先，你必須展現出分析是以**所有相關的證據**為基礎。你的分析策略必須要夠徹底，包括了發展對立假設在內。你的分析必須要能顯示出，你如何盡可能的搜尋所有可取得的證據；你的解釋也應該要能說明所有的證據，而不會留下不確切的部分。

第二，你的分析應該要包含**所有重要的對立解釋**。如果有其他人對於你的一項或者某些發現有其他的解釋，就要把這些解釋轉換成對立的解釋。有沒有證據可以說明這個對立的部分？如果有，證據的結果是什麼？如果沒有，要如何重新陳述這個對立，以作為研究結果不明確而需要

未來研究繼續探究的部分？

　　第三，分析應該要能處理**你的個案研究中最重要的一個面向**。不論是單一或多重個案研究，你都必須表現出來你為了最主要的分析目標，用了最好的分析技巧。如果不是你能夠探討最主要的議題，你又何必花功夫來做一個個案研究呢？

方框二十九
一個國際貿易競爭的多重個案研究之分析品質

　　雖然技術很重要，但是一個個案研究分析的品質不只是由其所用的技術所決定的，同樣重要的，是研究者進行分析時顯示出的專業知識。Magaziner 和 Patinkin 的書《**沈默的戰爭：影響美國未來的全球企業戰場**》（*The Silent War： Inside the Global Business Battles Shaping American's Future*），即反映出了這種專家知識。

　　雖然這兩位作者是管理顧問而非學術性的社會科學家，但他們的九個個案卻組織的極為出色。美國的競爭優勢（與劣勢）這個主題，以複現設計的方式包含在每個個案當中。而在每個個案內，作者提供了豐富的訪談及文件資料，以說明研究發現的來源。（為了維持能順暢閱讀的敘事體，大部分的資料，包括字彙表、註腳、以及量化資料等，都列於註腳和附錄中。）除此之外，作者也顯示經由多次國內與海外的實地拜訪，他們對於所研究的議題都有很深刻的接觸。

　　技術上來說，有一個明確的「方法論」應該會有幫助。然而，在沒有這樣的方法論時，他們這種謹慎而仔細的工作，更能夠說明學術導向的研究者在應用更為正式的方法

論時，所應該追求的目標。

第四，你應該要將你自己**先前的**，以及**專家的知識**帶入你的個案中。你最好過去曾經分析過類似議題，並且能熟悉到當前與該個案研究主題相關的想法和爭論。如果你能透過先前的研究與出版，來認識你的主題，這種作法就更好了。

方框二十九的個案研究，是由管理顧問而不是學術性的社會科學家做的。然而由於研究中採行了一些步驟，作者顯示出他們很謹慎的進行實徵調查，這個精神是值得所有個案研究調查者重視的。特別值得注意的，謹慎的調查是反映於個案本身的呈現之中，而不僅僅是因為報告中有一個令人信服的「方法論」的章節。如果你可以在你的分析中仿效這些或是其他的策略，你的個案研究分析也會得到適當的重視與認可。

摘要

這一章提出了幾個用來分析個案研究的重要策略。首先，如果研究者有一個一般性的資料分析策略，不論這個策略是以理論命題或基本的描述架構為基礎，都可以減少分析時潛在的困難。若沒有這種策略，就要鼓勵研究者以

初步的感覺來「玩弄資料」並做為序曲，來發展「有什麼值得分析，以及應該如何分析」的系統化觀念。

　　第二，對每一個一般性策略，都有一些具體的分析策略可以使用。其中有四個策略（類型比對、建立解釋、時間序列分析、以及程序邏輯模式），是用來鋪設高品質個案研究之基石的有效方法。如果研究包含多重個案，這四種策略都應該應用類似的複現邏輯（因此能夠得到外在效度）；而在每一個個案中，則需進行與對立命題，以及對內在效度之威脅的重要比對。

　　另外有三個策略（分析嵌入的單元、重複的觀察、以及個案調查），都可作為個案研究分析方法的一部份。一般而言，後面的這幾個程序都必須要跟某一種其他的策略共同使用，才能夠得到有效的分析。

　　這些策略沒有一個是容易使用的，沒有一個可以像遵循任何食譜的簡單步驟一般，機械化地應用。一點兒都不意外的，個案研究分析是進行個案研究時最困難的階段，而研究的新手尤其可能會有麻煩的經驗。同樣的，對於這些新手的一個建議，就是從一些簡單且容易的個案研究來開始你的研究生涯，縱使研究問題並不像你所期待的一樣複雜或創新。當完成這些較簡單的個案研究並得到經驗後，新手就會有能力來處理一些更困難的問題了。

習題

1. **解析分析的過程** 挑選一個本書的方框中介紹的個案研究，找出其中呈現證據並提出結論的章節（通常是在研究的中間）。說明所引述的證據和結論間，是如何連結的。資料是否是以表格或其他格式呈現？有沒有做任何比較？

2. **合併量化和質化的資料** 對你可能進行的個案研究，列舉出一些和量化以及質化資料都可能有關的主題。確認這兩種類型的資料，並假設已經成功地收集到了，討論他們可以合併或比較的方式，這兩種類型的資料各有什麼價值？

3. **類型配對** 舉出一個利用類型比對技術來分析的個案研究，這種技術提供了什麼特別的優點和缺點？在單一個案中，如何利用這種技術進行令人信服的分析？

4. **建構一個解釋** 列出一些在你所處的鄰里中，已經發生而且可以觀察到的變革（或是在你的學校所在的鄰里）。發展一個對這些變革的解釋，並且指出你所要收集的一組關鍵性的證據，用來支持或挑戰這個解釋。如果能夠取得這些證據，你

的解釋就會完整，或是具說服力嗎？這些證據對
調查在其他鄰里區域的類似變革是否有用？

5. **分析時間序列的趨勢** 列出一個簡單的時間序
列，例如你的大學在過去二十年中，每一年學生
的入學人數。在這 20 年中，你要如何比較一段
時期和另一段時期的差異？假設在這段時間之
內，學校的入學許可政策已經改變了，你要如何
比較這種政策的效果？這個分析要如何成為對於
你的大學，一個範圍更廣的個案研究之一部份？

6

撰寫個案研究「報告」

個案研究的報告可以採書面或口頭的形式。然而不管是什麼形式,撰寫的過程都必須遵循類似的步驟:確定報告的讀者、建立撰寫的結構、並遵循某些程序(如讓那些曾經是個案研究對象,提供資訊的人來檢閱報告)。

撰寫報告是個案研究中最困難的階段之一。一個一般性的建議,是要趁早開始撰寫部分的個案研究(如參考書目),並且持續的擬定報告中不同片段的草稿(如方法論的章節),而不是等到資料分析的過程結束之後。至於在撰寫的結構這方面,可以提出六種不同的建議:包括線性分析的、比較的、編年表的、理論建立的、「懸疑」的、以及非循序的結構。

撰寫階段最需要依賴的是個案研究調查者的投入,這是一項普遍的原則。個案研究的「報告」並不會像在心理學期刊中的文章一樣,有任何刻板的模式可以遵循,此

外，「報告」也並不一定只有書寫的形式。由於這些不確定的本質，不喜歡寫作的研究者或許根本就不應該做個案研究。

當然，大多數的研究者最終都還是能學會如何寫得簡單又寫得好，因此缺少寫作的經驗不應該成爲阻止你進行個案研究的理由。然而這個過程需要很多練習，此外，你更應該要追求善於寫作這個目標，而不僅僅是忍受寫作。有一項可判斷你這個階段的技藝能否成功的指標，是你在高中或大學時撰寫學期報告感覺容易或困難，如果寫學期報告越困難，要寫一份個案研究報告也就會越難。另一個指標是你將寫作視爲一個機會或是一種負擔，成功的研究者通常會將寫作階段看做一個機會，可以對知識或實務產生很有意義的幫助。

128　　不幸的是，極少會有人預先注意到，這個設計以及進行個案研究完成之後才會遇到的問題。然而聰明的研究者甚至會在資料收集和分析完成之前，就開始撰寫個案研究報告了。一般而言，不論「報告」是以書面、口頭、或是圖形的形式（引號是要提醒你報告可以採用上述所有形式，而不是只有書面的形式），報告撰寫的階段都是相當重要的，也因此在個案研究較早的階段就需要特別關注。

雖然如此建議，但大多數的研究者基本上都忽略了撰寫的階段，一直到整個個案研究即將結束之時。此時各種「作者的痙攣」都可能會出現，撰寫個案研究報告會變成無法完成的工作。因此，查閱一本介紹一般研究報告寫作的教科書（見 Barzun & Graff, 1985），可能是任何個案研

究開始的序曲。這些教科書對於如何做筆記、寫大綱、使用簡單的詞彙、寫清楚的句子、建立寫作的時間表、以及對抗常見不想撰寫的衝動等，都提供了相當珍貴的提示。

　　本章的目的並不是要重複這些一般性的課程，雖然它們也都適用於個案研究。這些課程大部分對所有型式的研究寫作都很重要，如果在此加以說明會減損我們要提供與個案研特定相關之資訊的目的。另一方面，本章的主要目的是要強調寫作和報告中，直接跟個案研究相關的部分，這包括了以下的主題，每一個主題都會分別在一節中討論：

- 個案研究的讀者
- 個案研究寫作的種類
- 個案研究寫作闡述的結構
- 進行個案研究報告時要遵循的程序
- 還有總結來說，要思索可做為模範之個案研究的特徵（考慮到報告本身之外，包括了個案的設計與內容）。

　　第四章中曾指出，個案研究報告不應該是記錄或儲存個案研究證據基礎的主要方式，第四章中並且主張應該使用個案研究資料庫來進行這個工作（見第四章的原則二），另一方面，本章中所描述撰寫的工作，主要是為了滿足報導的而非記錄的目的。

個案研究的讀者

129　讀者可能的範圍

　　跟其他類型的研究比起來，個案研究的潛在讀者可能更廣泛。這些讀者包括了：（a）相同領域中的同事；（b）政策制訂者、實務界人士、社群領袖、以及其他不熟悉個案研究方法論的專業人員；（c）特殊的團體，例如學生的博碩士論文考試委員；以及（d）研究的贊助者。[1]

　　對像實驗等大多數的研究報告來說，第二類的讀者通常都是不重要的，很少人會預期一個實驗室實驗的結果，會直接送給專家以外的人看。但是對個案研究而言，這些次要的讀者卻常常是個案研究報告的對像之一。此外，對某些類型的研究來說，第三類的讀者很少會有很重要的關係，例如評鑑研究就是如此，因為評鑑研究通常不適合作為博碩士論文的主題；另一方面，對個案研究而言，由於社會科學的博碩士論文中很多採用個案研究，因此第三者也常是研究報告的重要讀者。

　　因為個案研究跟其他類型的研究比起來會有更多潛在的讀者，因此在設計整個個案研究報告時的一項重要工作，就是要確認此一報告有哪些特定的讀者。每個讀者都有不同的需求，並沒有任何一份報告能夠同時適合所有讀

者。

方框三十
著名個案研究的再版

　　許多年來，Philip Selznick 的《田納西河流域管理局與農民》（*TVA and the Grass Roots*）（1949）已經是一本有關公共組織方面的經典了。後續許多關於聯邦機構、政治行為、以及組織分權的研究中都引用了這個個案。

　　在它的初版發行了整整三十年後，這個個案在 1980 年，由他的原始出版者加州大學出版社（University of California Press）再版，並成為該社藏書再版系列（Library Reprint Series）中的一冊。此次的重新發行使得很多其他的研究者，能夠接觸到這個有名的個案研究，並且也能反映他對這個領域的實質貢獻。

　　對**同事**而言，最重要的可能是個案研究、研究的發現、以及先前的理論和研究間的關係，如果一個研究成功地傳達了這些關係，可能就會在很長的一段時間內受到重視（見方框三十的一個例子）。對**非專家**而言，對一些真實生活情境的描述，以及研究結果對行動的意涵可能是更重要的。對**論文考試委員**而言比較重要的是，精通這個個案研究問題在方法論上以及理論上的議題、能顯示出研究進行的很謹慎、並有證據支持學生已經成功的完成了研究過程中的所有階段。最後，對於**研究贊助者**而言，不論是以學術或實務的角度來說，研究結果的意義，可能會跟研究執行的嚴謹程度一樣重要。由於讀者群中有這些差異，

130

要成功地將訊息傳達給一類以上的讀者，可能意謂著研究報告需要有一個以上的版本，研究者應該認真地考慮這種需求（見方框三十一）。

方框三十一
相同個案研究的兩個版本

　　佛羅里達州 Broward 縣的企畫室，在 1982 年設置了一套新的辦公室自動化系統（《企畫室自動化的政治》，The Politics of Automating a Planning Office,　Standerfer & Rider, 1983）。這個實施策略是相當創新而且有重大意義的，特別是對企畫室和縣政府電腦部門間的緊張關係而言。因此這個個案研究也相當有趣，並提供了很多訊息。這個個案也有另外一個有趣且易讀的普及版本，刊登於實務的期刊中。

　　由於這類型的實施也包含了一些複雜的技術議題，作者也提供了有興趣的讀者補充資訊。普及的版本中包括了姓名、地址、電話號碼，使這些讀者可以獲得額外的資訊。這種個案研究有雙重報告的類型，只是一個用來說明相同的個案研究如何用不同的報告，以幫助傳達訊息給不同讀者的例子。

利用個案研究溝通

　　個案研究和其他類型的研究間另一項差異，是個案研究報告本身可以是重要的溝通工具。對許多非專家而言，單一個案的描述和分析經常傳遞了對一些較普遍現象的資訊。

　　在美國國會委員會做證時，會出現一個常被忽略的相

關情況。例如，如果有一位老年人在這個委員會，為他或她得到的健康服務作證，委員會的成員可能會假設根據這個「個案」，他們已經得到對老年人健康照顧的普遍認識。而後，委員會才能夠解釋與類似個案之普及程度有關的，更廣泛的統計資料。委員會在最後提出新的法令之前，也可能會探究一開始的個案的代表性。然而在這整個過程之中，由證人所陳述的初始「個案」，對於健康照顧的議題能夠得到注意，可能一開始就已經是一項重要的因素了。

方框三十二
讓更廣大的讀者能夠接觸到一個好的個案研究

　　Neustadt 和 Fineberg 對於一個大眾免疫運動的出色的分析，一開始是 1978 年，以一份政府報告《**卑鄙的流行性感冒事件：對不明確疾病的決策**》（*The Swine Flu Affair : Decision-Making on a Slippery Disease*）的方式出版。從那時以後，在公共政策的領域中，這個研究就經常被引用來作為一個完整且高品質的個案研究的例子，這個個案也常用在教學的用途上。

　　然而，這個研究最早由美國政府出版室（U.S. Government Printing Office）所發行的版本是很難取得的。根據該書作者所說，這個單位「有很多的優點…但…處理金額不精確的訂單和記錄正確的存貨數目並不包括在內」（1983, p. xxiv）。因此，原始個案研究的更新版，「**從未出現的傳染病：政策決定和卑鄙的流行性感冒事件**」（*The Epidemic That Never Was : Policy-Making and the Swine Flu Affair*）（1983）也在稍後發行，新的版本中也加入了新的材料。這

個極受肯定的個案研究商業上的發行，是一個可以增進個案
研究散播的極爲罕見的例子。

　　透過這些以及其他的方法，對於某一個現象，個案研
究可以將以研究爲基礎的資訊，傳遞給許多非專家。就這
方面而言，個案研究的用途遠超過典型研究報告的角色，
典型的研究報告一般而言是針對同事，而不是非專家（見
方框三十二）。很明顯地，描述性和解釋性個案研究的這
個角色會是很重要的，聰明的研究者不應該忽視，一個展
示的很好的個案研究的潛在描述性影響。[2]

132　以讀者之需求爲導向的個案研究報告

　　整體來說，對於可能的讀者偏好的假設，應該要指引
個案研究報告的格式。雖然研究程序和方法論應該遵循第
一章到第五章所建議的其他指導方針，但報告本身則應該
要反映出適合於潛在讀者需求的重點、細節、寫作的形
式，甚至是篇幅長度。你應該要正式地收集關於讀者的需
求，以及他們所偏好的溝通類型的資訊（Morris, Fitz-
Gibbon, & Freeman, 1987, p. 13）。根據這個邏輯，作者經
常提醒要寫博碩士論文的學生，注意到論文考試委員可能
是他們*唯一的*讀者這個事實。在這種情形下，最終的報告
應該要試著直接與這個委員會溝通。有一個建議學生採用
的作法，是在論文中整合委員會成員先前的研究，藉此來
增進論文潛在的傳達能力。

不論是對什麼對象，研究者可能犯的最大錯誤，就是以自我爲中心的觀點來撰寫報告。如果寫作時沒有確認明確的寫作對象，或者不瞭解這些對象特定的需求，就會產生這種錯誤。就像之前提到的一樣，確定你的對象是個可以用來避免這個錯誤的方法。此外，另一個同樣重要的建議，是檢視一些現存的，已經成功的傳達訊息給與你相同之讀者群的個案研究報告，這些現有的報告會提供你撰寫新報告很多有用的線索。舉例來說，再想一想要寫博碩士論文的學生，他們應該要查閱一些已經成功的通過這個學術機制的論文，或是已知可作爲模範的文件。檢查這些文件可以得到關於這個學系，對於新論文設計之規範（以及審查人可能的偏好）一些很重要的資訊。

個案研究寫作的種類

書寫式的以及非書寫式的「報告」

　　個案研究「報告」不一定只有書寫的形式，個案的資訊及資料也可以用其他方式報告，如口頭報告、甚至是一組圖片、或錄影帶。雖然大多數的個案研究到最後都還是以書寫作品的方式呈現，但進行任何「報告」時，仍然需要仔細選擇最恰當且有效的方式，這個選擇很明顯的會跟

133

確認個案研究讀者相關。

　　然而，書寫的作品的確提供了幾項重要的優點。跟透過口頭報告或圖形的形式比起來，書寫可以傳遞更準確的資訊。雖然說「一張圖勝過千言萬語」的格言常常是正確的，但是大部分的個案研究都是跟組織結構、實施、公共計畫、及社會群體互動等這種抽象的概念有關，不能直接轉換為圖形的形式。個別的圖形常常可以增強書寫的文字的效果（見 Dabbs, 1982），但卻很難完全的取代文字。作者也知道有一個情況，要將鄰里組織的資訊傳達給未到過這個組織的政策制訂者時，圖畫的確扮演了關鍵性的角色，而這些決策者從來沒有實地參訪過這些組織。然而，即使照片能促進溝通個案研究的資訊，但他們並不能取代對其他類型證據的需求，這些證據最後會提供研究的發現和結論更高的可信度。

　　對作者和讀者而言，書寫的作品也有具有熟悉度的優點。我們大多數人都練習過寫作或閱讀書面報告，也都知道透過句子、表格、以及章節來表達你的資料和想法時，會遇到一些普遍的問題，也就是文字陳述必須簡潔扼要且沒有偏見。相對地，若以其他模式來傳達，這些關係會比較不清楚。舉例來說，作者也知道有另外一個情況，要寫論文的學生選擇以錄影帶作為溝通的媒介，然而學生以及審查的人都無法解釋，反應出作者「藝術性」的一些影帶編輯規則，事實上是如何影響到個案的證據和其呈現方式。結果，編輯的過程中產生了未知的偏誤。

　　雖然如此，我們還是應該要尋找一些創新的展示方

式，書寫的資料應該可以用一些有吸引力的圖像來補強
（Morris, Fitz-Gibbon, & Freeman, 1987, p.37）。其中書寫
式的個案研究最主要的缺點，也就是其龐大與冗長的篇
幅，是最需要一些創新的方法來處理的，這種書寫的形式
以缺乏效率且累贅的方法，來貯存個案研究的資訊。想像
並比較一下你檢視調查資料和檢視個案研究資料，對於前
者，電腦磁片就可以紀錄大量調查資訊，並且能做相當深
刻且細緻的探查；但對於後者，份量類似的資訊可能會需
要大量的文字、沒有效率的檢索程序、以及大量的時間來
檢視。[3]

書寫式報告的種類

134

　　書寫式的個案研究中，至少有四種重要的類型。首先
是傳統的單一個案研究，利用單一的敘事來描述和分析個
案，此外亦可展示表格、圖畫、和圖形，來增強敘事的資
訊。受到個案研究深度的影響，由於期刊可能沒有辦法提
供所需的空間，這些傳統的單一個案有可能是以類似書本
的方式出版。（有一些社會學家也聲稱期刊歧視個案研究
法－參見 Feagin, Orum, & Sjoberg, 1991；但在公共行政的
主要期刊中，個案研究是數量第二多而且也是增長最快的
實徵研究類型－參見 Perry & Kraemer, 1986）。在此有一
項建議，如果你事先就知道你的個案研究屬於這種類型，
你也只能寫出書本長度的稿件，那麼你就應該要先跟出版
商建立一些初步的接觸。

第二種書寫式作品的類型，是這種傳統單一個案的多重個案版本。這種類型的多重個案報告可能會包含多重的敘事，每一個都是關於各個個別的個案，分別呈現在不同的章或節中。除了這些個別個案的敘事之外，報告也包含了一個跨個案分析以及結果的章節，在某些情況下，甚至會有好幾個跨個案的章節（見方框三十三）。在最後的本文中，跨個案的部分也可能可以與個別個案的敘事區分，成為獨立一冊。此時有一個常見的呈現形式，主要的報告內容會以跨個案分析為主，而個別個案則是作為這一冊主要報告冗長附錄的一部份。

方框三十三
一個多重個案報告

多重個案研究通常會包含個別的個案以及一些跨個案的章節，這種多重個案研究也可能是由幾位作者共同撰寫的。

在 Herriott 和 Gross 所做的一個關於鄉村的校區之研究《計畫性教育變革之動態》（ *The Dynamics of Planned Educational Change* ）（1979）中，即採用了這種安排。最終的報告是一本包括十個章節的書，其中有五章是個別的個案敘事，另外五章則包含了重要的跨個案議題。此外，為了反映執行研究時實際的分工情形，每一個章節都是由不同的人寫的。

第三種書寫式作品的類型可能用於多重或單一個案，但卻不是傳統的敘事方式。另一方面，根據個案研究資料

庫中的問題和回答（見第四章），每個個案的寫作都是遵循一系列的問題和答案。為了因應報告的目的，資料庫的內容都經過濃縮與編輯，以方便閱讀，而最後報告的格式仍可假想為與資格考試的格式類似。（相對地，傳統的個案研究敘事可以想成與學期報告的格式類似）。由於研究者只要回答需要回答的一組問題，就可以立即著手撰寫報告（同樣的，資格考試相對於學期報告也具有類似的優點），因此這個問－答的格式可能無法完全反映出研究者的創作天分，但是卻有助於避免使作者腹部絞痛的問題。

在多重個案的研究中使用這種問－答的格式，可能會有許多好處：如讀者只需要檢視在不同個案中相同問題的答案，就可以開始進行跨個案的比較。因為每個讀者感興趣的問題可能不一樣，所以這整個格式會有助於針對不同讀者的特定興趣，發展一個訂製的跨個案分析（見方框三十四）。

方框三十四
一種問－答的格式：不具傳統敘事體的個案研究

　個案研究的證據並不一定要以傳統的敘事體格式來呈現，另外一種呈現相同證據的格式，是以問－答的形式來敘述。這種形式中可以提出一系列的問題，每個問題的答案都佔了足夠的篇幅，例如每個答案有三段或四段，答案可以包含所有相關的證據，甚至可以以表格的形式來增強。

　由美國國家鄰里委員會所進行的一項，包含了 40 個關於社群組織的個案研究《建立鄰里的人》（*People, Building Neighborhood*）（1979），即遵循了這種格式。不同的個案

中，都採用了相同的問－答格式，所以有興趣的讀者可以追蹤在不同個案間的相同問題，進行他們自己的跨個案研究分析。這種格式讓匆忙的讀者，可以正確地找出每個個案中相關的部分。對於會因為沒有傳統的敘事而感到不安的人，每個個案也有一個總結，形式不拘（但不得超過三頁），使作者也可以發揮他的文學天分。

　　第四種，也是最後一種書寫式作品的類型，只適用於多重個案研究。在這種情形下，每一個個別的個案可能**不會有**獨立章節。更確切地說，不論純粹是描述或者也包含解釋性的主題，整份報告可能是由跨個案分析所構成的。在一份這樣的報告中，每一個章節都應該是跟個別的跨個案議題有關，而個別個案的資訊會散佈在不同的章節中。利用這種格式時，個別個案的總結資訊如果不是完全被忽略，就是會由一篇濃縮的短文來呈現（見方框三十五）。

136

方框三十五
A.撰寫多重個案報告：
一個沒有呈現單一個案的例子

　　在多重個案研究中，最後的報告並不一定要呈現個別的個案研究。就某種意義來說，個別的個案只能當作研究證據的基礎，而且只能用在跨個案的分析中。

　　Herbert Kaufman 所著的《聯邦機構首長的行政行為》（*The Administrative Behavior of Federal Bureau Chiefs*）（1981）就用了這個方法。這是一本關於六個聯邦機構首長的書，Kaufman 花了一段密集的時間跟每位首長在一起，以瞭解他們每一天例行的工作，他訪問這些首長、側聽他們的

電話、參與會議會議、並且也列席了在首長辦公室中，幕僚們討論的過程。

　　然而，本書的目的並不是要逼真地描繪其中任何一個首長。更確切地說，這本書綜合了由他們所有人中得到的教訓，並且圍繞著一些主題組織起來，如這些首長如何決定事情、他們如何接收並檢閱資訊、以及他們如何激勵其員工等。在每個主題之下，Kaufman 引用了六個個案中適切的例子，但是這六個個案中，並沒有任何一個被呈現為一個單一個案研究。

B.撰寫多重個案研究報告：
一個沒有呈現單一個案的例子（另一個領域）

　　在另外一個領域中，也用了類似 Kaufamn 的設計。歷史學中有一本由 Crane Brinton 所寫的著名著作《革命的剖析》（*The Anatomy of a Revolution*）（˜1938），Brinton 的書是以四個革命為基礎：包括英國、美國、法國、和俄羅斯。這本書是有關革命時期的分析和理論，包括了從這四個「個案」中所引出來一些適切的例子；然而，就如同在 Kaufman 的書一樣，這本書並沒有嘗試要把單一的革命，呈現為一個個別的個案研究。

　　最後要提醒，在最少包括了這四種選項中，選擇一種個案撰寫特定的類型，應該是在個案研究**設計**階段就要確定的事。如果發生了一些預期外的狀況，另一種類型的寫作可能變得比原來選擇的方式更為適合時，一開始的選擇永遠都是可以改變的。無論如何，初期的選擇會同時有助於設計及進行個案研究，在個案研究計畫書中就列出了一開始的選擇，能夠提醒個案研究者注意最後寫作可能的特

質和其需求。

137　個案研究寫作的說明結構

　　　一份報告中的章、節、段落、副主題、以及其他元素都必須以某種方式組織起來，而這就構成了報告的結構。在其他的方法論中，關注這個結構是個日漸受到重視的主題。例如 Kidder 和 Judd（1986, pp.430-431）提出了量化研究報告的「沙漏」形狀。同樣地，在民族誌學中，John Van Maanen（1988）發展了用「故事」報告田野調查結果的觀念，他列出了幾種不同類型的故事：包括了現實主義者的故事、懺悔的故事、印象主義者的故事、批判的故事、正式的故事、文學的故事、以及共同說出的故事等，在同一份報告中，可以以不同的組合來使用這些不同的故事類型。

　　　個案研究報告的結構也有不同的選擇，這一節的目的就是要建議一些說明的結構（illustrative structures），這些結構都可以跟任何一種剛才描述的個案研究寫作類型一起使用。在此建議的結構有六種，希望他們能夠減少研究者在寫作上的問題，這六種結構包括了：

1. 線性分析的結構；
2. 比較的結構；

3. 編年的結構；

4. 理論建立的結構；

5. 「懸疑」的結構，以及

6. 非循序的結構。

所謂說明（illustrative）主要是跟單一個案研究的撰寫有關，然而這些原則也可以直接轉換到多重個案的報告上。此外還須注意，前三項結構都適用於描述性、探索性、或解釋性的個案研究；第四項主要適用於探索性和解釋性的個案研究；第五項適用於解釋性個案；而第六項則用於描述性的個案（見表 6-1）。

結構的類型	個案研究的目的（單一或是多重個案）		
	解釋性	描述性	探索性
1.線性分析的	X	X	X
2.比較的	X	X	X
3.編年的	X	X	X
4.理論建立的	X		X
5.「懸疑」的	X		
6.非循序的		X	

表 6-1　六種結構在不同目的之個案研究的應用

線性分析的結構

這個是撰寫研究報告的標準方法，報告由一系列的副主題所構成，依序包括了所要研究的議題或問題、檢視相關的現有文獻、使用的方法、資料收集和分析的發現、以及由

研究發現得到的結論和其意涵。

　　大多數在實驗科學中期刊的文章，都反應了這種類型的結構，而許多個案研究也是如此。許多研究者都樂於採用這種結構，特別是當個案研究的主要讀者是研究的同僚或論文考試委員時，這個結構可能是一種最有利的結構。要注意這個結構可以用於解釋性、描述性、或探索性的個案研究。舉例來說，一個探索性的個案可能包含了所要所要探討的議題或問題、探討的方法、探討所得的結果，以及結論（對未來研究的建議）。

比較的結構

　　在比較的結構中，同樣的個案會重複兩次或兩次以上，以比較相同個案的不同描述或解釋。Graham Allison 著名的個案研究《古巴飛彈危機》（1971）就是採用這種結構最好的例子。在這本書中，作者重複了個案研究的「事實」三次，每一次都跟關於官僚組織如何運作的不同概念模式連結（見第一章，方框二）。重複的目的是要顯示事實和不同模式符合的程度，事實上這種反覆也說明所應用的類型比對技術。

　　即使個案研究是用於描述而非解釋性的目的，也可以使用類似的方法。同樣的個案可以從不同的觀點，或者根據不同的描述性架構重複描述，以瞭解針對描述性的目的來說，個案應該如何分類最好，就像在心裡學中要為臨床病人作正確的診斷一樣。當然，也可能有其他類型的比較

方法，但其主要的特徵，就是整個個案很明顯地以比較的
方式重複了兩次或兩次以上。

編年的結構

　　因為一般來說，個案研究都包含了一段時間中的事
件，所以第三種類型的方法就是以編年的次序來呈現個案
研究的證據，此時報告章節或段落的順序，可能會遵循個
案歷史初期、中期、和晚期階段演進。因為因果關係的次
序在時間上事件的發生一定是線性的，因此對解釋性的個
案研究來說，這個方法可以滿足其重要的目的。如果對某
個事件所推測的原因是在那個事件之後才發生的，應該就
有理由要質疑一開始的因果命題了。

　　不論是對解釋性或描述性的目的，編年的方法都要避
免一個易犯的錯誤：通常會給予早期的事件過多的關注，
而較忽視後來的事件。最常見到的情況，是研究者花了太
多功夫來撰寫個案的介紹，包括個案早期的歷史和背景，
卻沒有留下足夠的時間來寫個案的現況。有一個建議可以
來避免這種問題，當你使用編年的結構時，是要以**回溯**的
方式來**草擬**這個個案。那些關於個案現況的章節或段落應
該要先起草，而且只有在這些草稿完成之後，才開始草擬
個案背景的部分。一旦所有草稿都完成了，你就可以轉為
依正常編年的次序來撰寫個案最後的版本。

理論建立的結構

在這個方法中，章節或段落的順序會遵循一些理論建立的邏輯，此邏輯將視特定的主題或理論而定，而每個章節都應該要能闡明一部份新的理論論證。如果整個次序的結構很好，就可以得到具說服力並最能讓人印象深刻的陳述。

這個方法跟解釋性和探索性的個案研究都有密切的關係，這兩者都涉及理論建立。解釋性的個案會檢視一個因果論證的各個不同面向；而探索性的個案則要爭論進一步探究不同假說或命題之價值。

懸疑的結構

這個結構把分析的方法反轉過來，個案研究的「答案」或結果在一開始的章節中就直接的呈現出來，而後個案研究剩餘的部分，也就是其最為懸疑的部分，就要發展對這個結果的解釋，並且在接下來的章節中也要考慮到其他的解釋。

因為描述性的個案研究並沒有特別重要的結果，這種方法主要是跟解釋性的個案研究有關。如果能夠妥善運用，懸疑的方法常常會是一種動人的寫作結構。

非循序的結構

在非循序的結構中，並不會假設章節或段落的次序有

特殊重要的意義。就如同在第五章中所引用《*Middletown*》（Lynd & Lynd, 1929）的例子，對描述性的個案研究來說，這種結構通常就足夠了。基本上，我們可以改變那本書的章節次序，卻不會影響其描述的價值。

對組織的描述性個案研究經常會顯示相同的特徵，這些個案在個別的章節中會包含組織的起源和歷史、所有人和員工的組成、它的產品線、正式的組織形式、以及它的財務狀態。這些章節呈現的特殊次序可能並不重要，因此也可以視爲是一種非循序的方法（見方框三十六的另一個例子）。

方框三十六
一本暢銷書的非循序章節

Peters 和 Waterman 所寫的《尋求卓越》（*In Search of Excellence*）（1982）是一本同時吸引了一般以及學術的讀者的暢銷書。雖然這本書是以超過六十個美國最成功的大企業之個案研究爲基礎，但是其內文只有跨個案分析，其中每一章都包含了一組具洞察力，與組織卓越表現相關的一般特徵。然而，這些章節的特殊順序是可以改變的，即使以其他的次序呈現，這本書仍然會有其重要的貢獻。

研究者使用非循序結構時，必須注意測試報告完整性的問題，即使章節或段落的次序可能無關緊要，但整體的內容卻有關係。如果遺漏了一些關鍵的主題，那麼描述就會變得不完整。研究者必須要充分瞭解其主題，或是採用

141

相關的模式作為個案研究的參考，來避免這樣的缺失。雖然只是一個描述性的個案研究，但是如果研究沒有理由的無法呈現完整的描述，研究者就可能會被指為具有偏見。

進行個案研究報告的程序

每個人都應該要建立一組適當的程序，來分析社會科學資料並撰寫報告。很多教科書對你如何建立自己的程序都提出了很好的建議，包括利用文書處理軟體的益處及易犯的錯誤，使用文書處理軟體並不一定會節省時間（Becker, 1986, p.160）。其中一個普遍的警告，是要認識書寫的意思其實就是代表修改重寫（rewriting），這是學生一般很少練習的，因此在研究生涯早期常會低估的這個工作（Becker, 1986, p.43-47）。重寫的越多，報告可能就越好，尤其是在回應其他人的意見時。就這點來說，個案研究報告跟其他報告並沒有什麼差異。

然而，還是有三個重要的程序特別和個案研究有關，值得進一步說明。第一個是開始著手寫作的一般作法，第142 二個包含了個案是否要匿名的問題，而第三個則描述了用來增加個案研究之**構念效度**的評論程序。

何時以及如何開始撰寫

　　第一個程序，是要在分析過程的初期，就開始撰寫報告。事實上，有一本手冊告誡說「任何時候開始寫報告都不會嫌太早」（Wolcott, 1990, p.20）。就算在研究一開始的時候，也已經可以開始草擬報告中的一些段落，甚至在完成資料收集與分析之前，就應該已經開始撰寫草稿了。

　　舉例來說，在文獻探討和個案研究設計完成之後，就可以開始撰寫個案研究報告中，參考書目和方法論這兩個章節了。如果以後有需要，**參考書目**（*bibliography*）永遠都可以增加新的引證資料，但是主要的引證文獻應該已經包含在文獻探討中。因此此時就可以開始確定引證的資料，以檢查他們是否完整，同時也開始建構參考書目。如果發現有一些引證不完整，後續的個案研究中，就可以繼續追蹤剩下的細節。這將就能避免研究者常用的一種作法，他們可能到最後才處理參考書目，因此在研究即將完成之際花了很多時間做抄寫的工作，而不是專注於更重要（而且快樂！）的書寫、修改、以及編輯的工作。

　　因為主要的資料收集和分析程序應該已經成為個案研究設計的一部份，因此**方法論的章節**也可以在這個階段開始撰寫。這個章節最後甚至可能只是附錄，而不是正式敘事的一部分。但不論是內文的一部份或是附錄，方法論的章節都可以而且也應該在這個研究早期的階段就開始撰寫，因此在這個時刻，你將能夠更準確的記住你的方法程序。

在資料收集之後，分析開始之前，可以撰寫另一個包括**所研究個案的描述性資料**的章節。方法論的部分應該已經包括了個案選擇的主題，描述性的資料則應該要包括關於個案定量以及定性的資訊。研究在這個階段時，你可能還沒有決定你最終要使用的寫作類型以及要遵循的結構。如果真是這樣，可以先以濃縮的方式來起草個案描述的段落，而草稿本身也可以刺激你思考整個寫作的結構。

　　如果你可以在完成分析之前，就開始草擬這三個段落，你其實就已經有了很大的進展。此外，這些段落中可能會要用到大量的文件，而研究中的這個階段，是收集彙整這些文件的最好時機。而且如果你在資料收集的過程中，已經記錄下所有細節，包括了引證、參考資料、組織的職稱、以及人名的拼法等，而又能在此時整合到你的文字中，那麼其實你已經佔有了一項優勢了（Wolcott, 1990, p.41）。

　　如果能妥善的開始草擬這些段落，稍後就可以將注意力投注在分析本身，以及研究的發現和結論。儘早開始寫作也可以滿足另一項重要的心理的功能：你可以開始熟悉寫作的過程，並且在工作變的真的令人敬畏之前，有機會可以練習。因此，如果你正在進行個案研究，而且在早期還能夠找出其他可以開始撰寫的章節，你就也應該要開始草擬這些段落。

個案的身份：眞實的或匿名的？

　　幾乎每一個個案研究都需要研究者選擇個案是否要匿名，應該要確實的指出所研究的個案以及資料提供者嗎？或是應該要隱藏個案及其參與者的名稱？要注意匿名的議題可能會在兩個層級：包括了整個個案，以及一個個案中的個人。

　　能同時公布個案及個人的真實身份，是最令人滿意的一種選擇。開誠佈公可以產生兩個有益的結果，第一，讀者在閱讀和解釋個案報告時，他可以回想事先已經從先前的研究或其他來源，得到的任何與個案有關的資訊。這種整合新的個案研究和先前研究的能力是非常珍貴的，就好像你在讀到一個新的實驗時，能回憶起過去實驗結果的能力一樣。第二，可以更容易的評論整個個案，如果有需要的話，也可以檢驗註腳和引證，因而能夠對出版的個案提出適當的評論。

　　然而，在一些情況下，匿名是必須的。最常見的原因，是個案研究探討一個有爭議性的主題，此時匿名提供了保護實際個案和其參與者的功能。第二個理由，是發行最終的個案報告，可能會影響那些研究對象往後的行動。Whyte 著名的個案研究《*Street Corner Society*》（是有關一個稱爲「Cornerville」的匿名鄰里的個案）就用了這個理由 [4]。第三種要說明的情形，是個案研究的目的可能是要描寫一種「理想的類型」，所以並沒有理由要公開這種個案真實的身份。Lynd 在他們的研究《*Middletown*》中就

144

用了這個理由，在此研究中出現的小鎮、鎮上的居民、及企業等的名字全部都是偽造的。

　　在這些情況下，匿名似乎是合理的，然而我們還是應該要尋求其他的折衷方法。首先，你應該要判斷是否只有個人匿名就足夠了，如此一來，個案本身仍能被正確地辨認出來。

　　第二個折衷的方法，是列出個人的名字，但是要避免將任何特殊的觀點或評論歸因於某一個個人，同時仍使個案本身可被正確地辨認出來。想要保護特定個人的機密，是這第二種方法最常應用的情況。然而，未將評論歸因於個人並不一定能得到完整的保護，你可能還需要將評論偽裝，讓牽涉在個案中的人也無法推論出可能的訊息來源。

　　對於多重個案研究而言，第三種折衷的方法，就是不要撰寫任何單一個案研究報告，而只撰寫跨個案分析。這種最後的情形，大致上跟在調查研究中用的程序類似，此時調查報告中不會公開個別答卷者的答案，而出版的報告中只會有彙總的證據。

　　只有在這些折衷的方法都不可能使用時，研究者才應該考慮將整個個案和資料提供者都匿名處理。雖然如此，匿名仍然不是一個令人滿意的作法，匿名不僅省略掉了一些關於個案重要的背景知識，還會使撰寫個案的技巧更為困難。個案及其構成要素必須要很有系統的從其真實身份轉換到虛構的身份，而你必須要花相當多的功夫才能記錄這種轉換，要注意不要低估了這個程序的成本。

評論個案研究的初稿：
一個認可的程序（a validating procedure）

　　進行個案研究報告要遵循的第三個程序，跟整個研究的品質有密切的關係。這個程序就是要評論報告的草稿，不僅僅是由同儕（就像任何學術工作中會做的一樣），同時也由個案的參與者和資料提供者來檢視。如果這些評論的意見非常有幫助，研究者甚至有可能將他們當作整個個案研究的一部份來發表（見方框三十七）。

方框三十七
評論個案研究並且出版其意見

　　由個案研究的對象來評論個案的草稿，是用來增進個案研究品質，並確保其構念效度的一種主要方法。Marvin Alkin 等人（1979）一個包含了五個個案的研究即遵循了這個程序，並可以作為其模範。

　　這個研究的每一個個案都跟一個學區，以及那個學區使用關於學生學習績效之評鑑資訊的方法有關。在分析和報告的程序中，每一個個案的初稿都由相關學區的資訊提供者評論，研究者並針對這個目的設計了一分開放式問卷，以收集評論者的意見。在某些例子中，受訪者的意見相當具有洞察力而且有很大的幫助，研究者不只因此修正了原始的材料，而且還將回應的意見列為書中的一部份出版。

　　呈現這些輔助性的證據和評論，能夠提供一個很好的機會，讓任何讀者都可以自行判斷個案是否允當，但不幸的是，這種方法在傳統的個案研究法中很少見。

這樣的評論並不只是一種專業的禮貌，這個程序已經確實被指出，是一個可用來確認個案研究報告中重要事實或證據的方法，但是提到的人還很少（Schataman & Strauss, 1973, p.134）。資料提供者和參與者可能仍然會不同意研究者的結論或解釋，但是這些評論者不應該不能同意個案真正的事實。如果在評論的過程中出現了這樣的爭論，研究者就會知道個案研究報告尚未完成，還需要收集進一步的證據來解決這些爭論。資訊提供者或參與者可能會想起一些他們在初期的資料收集階段忘記的新資料，因此評論草稿的機會通常也帶來進一步的證據。

　　即使個案或是其中的一些構成要素要匿名，仍然應該要遵循這種評論。在這種情形下，必須跟資料提供者或是參與者分享一個可辨認的版本。在他們評論過這個版本，而且已經解決了任何真相的差異之後，研究者就可以隱藏個案真正的身份，所以這只有資料提供者和參與者會知道。甚至在四十年以前，當 Whyte 第一次完成《*Street Corner Society*》的時候，他就遵循這個程序，跟他主要的資料提供者「Doc」分享這本書的草稿。他提到：

146
　　　　我在寫的時候也把各個部分給 Doc，並且和他一起詳細地察看。他的批評對我的修訂是相當珍貴的（Whyte, 1943/1955, p.341）。

　　從一個方法論的觀點來看，經由這個過程所做的修正會提高個案研究的正確度，因此也增加了研究的**構念效度**，對一個事件錯誤報導的可能性應該會降低。除此之

外，當不同的參與者的確對相同事件有不同的解釋，客觀的事實可能不存在時，這個過程應該會有助於確認不同的觀點，而可以在個案研究報告中呈現出來。

由資料提供者評論個案研究的草稿，會明顯地延長完成個案研究報告的時間。不像學術界的評論者，資料提供者可能會利用評論的過程，作為展開對於個案的不同面向的新對話機會，也因此延長了評論的時間。你必須要事先預期到這些延誤，而不是把他們當作完全省略評論過程的藉口。如果能夠小心的注意這個過程，就有機會可以完成一個高品質的個案研究（見方框三十八）。

方框三十八
正式的評論個案研究

　　就像任何其他研究的成果一樣，評論的過程在增進及確保最終結果的品質上，扮演了一個重要的角色。對個案研究而言，這個評論的過程最少應該要評論個案研究的草稿。

　　由美國政府技術評鑑室（U.S. Office of Technology Assessment）（1980-1981）所贊助的一組個案研究，可以說是遵循這個程序的一個模範。這十七個個案都跟醫藥技術有關，而每一個都由「至少 20 個，有些甚至超過 40 個外部的評論人看過」。除此之外，這些評論人反映了不同的觀點，包括了政府機構、專業社團、消費者和公共利益團體、執業醫生、醫學學術、以及經濟和決策科學等的觀點。

　　在其中一個個案研究中，個案最後出版的版本包括了一位評論人所提出來，對個案一個相反的看法，而個案作者的回應也列在其中。這種公開出版的意見交換增加了讀者解釋個案研究結論的能力，因此也增進了個案研究證據整體的

---

147 是什麼造就了一個可作爲模範的個案研究？

　　在個案研究法中，最具挑戰性的工作之一，就是定義一個可以作爲模範的個案研究。雖然沒有直接的證據，但在此對這個問題提出一些推論，似乎是結束這本書的恰當方式[5]。

　　一個模範的個案研究的要求，超出了本書列出的這些方法的程序。作爲一個個案研究者，即使你已經遵循了大部分的基本技術，包括使用個案研究計畫書、發展一連串的證據鏈、建立個案研究資料庫等，你仍然可能無法得到一個**可以作爲模範的**個案研究。精通這些技術會使你成爲一個好的技術人員，但卻不一定能讓你成爲受人尊重的科學家。舉一個類似的情形爲例，想想編年史家（chronicler）和歷史學家之間的差異：前者要求技術上正確，但是無法向後者一樣，能夠產出對人類及社會過程深刻的理解。

　　以下將介紹模範個案研究的五項一般特徵，他們能幫助你不僅成爲一個編年史家，而且還能擔負起歷史學家的角色。

個案研究必須是要有意義的

第一項一般特徵可能會超出許多研究者的控制之外，如果一個研究者只能接觸到少數的「場所」，或是如果資源非常有限，那麼研究者可能都只能做一些主題不是很重要的個案研究。這種情形下，不太可能會得到一個模範的個案研究。雖然如此，如果可以選擇的話，模範的個案研究很可能屬於以下幾種之一：

- 不常見且一般人大有興趣的個別或多重個案。
- 不論是在理論、政策、或實務上，研究根本的議題具有全國的重要性。
- 或者同時屬於前述兩項。

舉例來說，有時候選擇某一個單一個案，是因為它是一個有啟發性的個案，也就是說個案反應了一些真實的生活情境，而且這是社會科學家過去無法研究的。這類揭露式的個案本身可能會被當作是一種發現，而且也提供了一個成為模範個案研究的機會。或者有時候會選擇一個關鍵性的個案，來比較兩種對立的命題。如果這個命題是一個著名理論的核心，或是反映了一個學域中主流的想法，這個個案就可能有重要的意義。最後，假設在同一個個案研究中同時得到了發現和理論發展的收穫，就像在多重個案研究中，個別個案可能顯示了一項新發現，而跨個案的複現則帶來了理論上有重大意義的突破，此時就確實很有可能成為一個模範的個案研究。

148

相對於這些大有可為的情況，許多學生選擇了沒有特色的個案或缺乏新意的理論議題做為個案研究的主題。如果能夠對現有的研究事先做好家庭作業，就可以在某種程度上避免這個問題。在選定一個個案研究之前，你應該要詳細地描述假設能成功完成所要進行的個案研究，這個研究可能會有那些貢獻。如果沒有出現令人滿意的答案，你可能就要重新考慮進行個案研究這個決定了。

個案研究必須是「完整的」

這個特徵在操作上特別難描述，然而一種完整的感覺的重要性，對個案研究來說，就和在定義一組實驗室實驗時一樣（或是在完成交響樂或畫壁畫時）。上述這些例子中，都有要定義出其工作範圍的問題，但卻很少有可用的指導方針。

對於個案研究而言，完整性最少可以由三方面來說明。第一，完整的個案是指個案的範圍，也就是所研究的現象與其背景之間的差異，已經受到了明確的注意。如果只是很呆板的處理這個問題，例如一開始的時候，就宣布只會探討某一個時間和空間範圍，那麼你可能就無法得到一個模範的個案研究。最好的方法是經由邏輯論證或呈現證據，來顯示我們已經在分析的邊緣了，資訊和個案研究的關連已經減弱了。進行個案研究時，這種對範圍的測試，可以在分析和報告的過程中進行。

第二個意義涉及所收集的證據。完整的個案研究應該

要能有力地說明，研究者已經詳盡的收集了所有相關的證據。為了要減輕個案的內容，關於這些文件的證據並不一定會出現在個案的本文中，也可能會在類似註腳、附錄等這些地方。然而整個目標是要使讀者相信，在個案研究的範圍內，很少有相關的證據是研究者沒有接觸到的。但這並不代表研究者應該要逐字地收集所有可取得的證據，事實上這是一個不可能的任務，但是研究者對關鍵的部分應該要給予「完整的」注意。舉例來說，代表了對立命題的證據就是關鍵的部分。

149

第三個意義與一些人為的條件不存在有關。如果研究結束只是因為資源用完、因為研究者沒有時間了（當學期結束時）、或是因為他面臨了某些研究以外的限制，這個個案研究就不可能完整。如果研究一開始的時候，就知道有時間或是資源上的限制，負責任的研究者就應該要設計一個可以在這些限制下完成的個案研究，而不是要觸及甚至超越他的限制。這類型的設計需要較多的經驗和一些運氣，然而這些條件下，也有可能會得到模範的個案研究。不幸的是在另一方面，如果在個案研究進行中，突然出現了一些嚴格的時間或資源的限制，這個個案研究就不太可能會成為一個模範了。

個案研究必須考慮其他的觀點

對於解釋性的個案研究而言，有一個很有價值的方法，是考慮對立的命題，以及依據這個對立的觀點對證據

所做的分析（見第五章）。然而，甚至是探索性或描述性的個案研究，根據不同的觀點來檢視證據，也可以增加個案研究成為模範的機會。

舉例來說，一個無法解釋不同觀點的描述性個案研究，可能會引起批判性讀者的懷疑，認為研究者可能沒有收集到所有相關的證據，而且可能只注意了支持單一觀點的那些證據。即使研究者並不是故意的有偏見，但是由於並沒有考慮到不同的描述性解釋，因此只算是呈現了一個單一面向的個案。1960 年代對於「貧窮的文化」這個主題的辯論，可以很生動的說明這類問題。在這個辯論中，來自中產階級的研究者受到指控，認為他們無法理解低層文化的真實面向（見 Valentine, 1968）。

為了適當地呈現不同的觀點，研究者必須要尋找最能嚴厲挑戰個案研究設計的那些其他觀點。這些觀點可能來自於不同文化的角度、不同的理論、個案研究中的成員或決策者不同的看法、或是一些其他類似的對照。例如，對於所有教學個案有一個重要的前提，是這個個案需要呈現出其中所有主要參與者的觀點。

如果研究者對一位關鍵的聽眾描述一個個案研究，這個聽眾常常可以馬上提供對於個案事實的其他解釋。在這種情形下，研究者可能會變成具有防禦性，並且爭論只有原始的解釋是相關或正確的。事實上，模範的個案事先就預見了這些「明顯的」其他可能，甚至盡可能強力地去擁護他們的立場，但最後卻能實徵地顯示出可以拒絕對於這些其他解釋的偏愛。

150

個案研究必須顯示足夠的證據

雖然在第四章中，鼓勵研究者建立個案研究的資料庫，個案研究關鍵的證據仍據必須包含在個案研究報告中。模範的個案研究必定是一個能明智且有效地呈現最引人注目的證據，並使讀者可以對分析的價值做出獨立判斷的個案研究。

這種選擇性並不代表應該以具有偏見的方式來引述證據，例如只引用了支持研究者結論的證據。相反地，支持和質疑的證據應該以中立的方式加以呈現，讀者才能獨立的判斷哪一個特定的解釋才是正確的。這種選擇跟限制報告中只呈現最關鍵的證據的做法，與不希望次要的支持資訊混亂報告呈現的結果有關。研究者進行這種選擇需要很多的訓練，他們通常會想要呈現完整的證據，並且希望（錯誤的）僅憑體積或重量就能影響讀者。（事實上，僅憑體積或重量只會使讀者厭煩。）

另一個目標是呈現足夠的證據，以便讓讀者相信研究者已「了解」他的主題。例如在進行田野研究時，所呈現的證據應該要讓讀者相信，研究者的確到過現場，在當地的行動經過深思熟慮，而且也沈浸在個案的議題中。在多重個案研究中也有一個類似的目標：研究者應該要對讀者顯示，所有的單一個案都受到公平地處理，並沒有因為對其中一些個案過度關心，而造成跨個案結論的偏失。

最後，要達到呈現適當的證據，也應該要能指出研究者注意到了證據效度的問題，例如發展一連串的證據鏈。

這並不表示所有的個案研究都必須承受方法論上的負擔，你可能只需要一些明智的註腳，也可以在個案研究前言中說明確認效度的重要步驟，在表格或圖形中加上附註也都會有幫助。有一個負面的例子，如果以表格或圖形提出證據，但是卻沒有提出引用的來源，這就顯示了這是一個草率的研究，同時也警告讀者對於個案研究的其他部分要更加挑剔。這種情形無法得到一個模範的個案研究。

個案研究必須要以動人的方式來撰寫

最後一個整體的特徵，和個案研究報告寫作有關。不論使用什麼形式（一份書面的報告、口頭報告、或是其他的形式），報告都應該要是動人的。

對於書面的報告而言，這代表要有一個清楚的，能吸引讀者一直閱讀下去的寫作風格（見方框三十九）。一份好的稿件是可以「引誘」目光的，如果你讀了這種稿件，你的目光就不會想要離開頁面，而會繼續一段接一段，一頁接一頁地，直到全部讀完為止。這種魅力應該是撰寫任何個案研究報告要追求的目標。

方框三十九
撰寫個案研究，可以同時達到高品質且清楚的要求

　　一項對於個案研究普遍的抱怨，是他們讀起來很冗長、累贅，而且是無聊的。不管個案研究的品質如何，都會遇到這個溝通的問題。

　　對這個評語而言，Herbert Kaufman 的《森林巡警隊

員：一項管理行爲的研究》（*The Forest Ranger：A Study in Administrative Behavior*）（1960）這本書是個傑出的例外。Kaufman 的寫作清楚而且易懂，而對個案的本質並沒有任何妥協，這在公共行政的領域，已經成爲最受重視的個案之一。並不令人意外的，這本書到 1981 年，就已經出版了九次，其中有三版是精裝版，另外六版則是平裝本。每一個個案研究者都應該要追求這種記錄。

要寫出這類型的作品需要天分和經驗。如果某個人愈常爲相同的讀者寫作，就愈可能能有效的傳達訊息。無論如何，重寫會增加寫作的清楚程度，因此也是受到極力推薦的。個人電腦和文書處理軟體的出現，使得研究者沒有任何藉口來省略這個重寫的過程。

動人、誘惑和魅力，這些都是個案研究稀有的特徵。要得到這樣的個案研究，研究者必須要對研究有狂熱，而且會想要廣泛的傳達其結果。事實上，好的研究者可能甚至會認爲個案研究包含了會令全球震驚的結論，這種狂熱應該遍及在整個調查中，而且的確會通向一個模範的個案研究。

152

習題

1. **確定讀者** 列出你可能撰寫的個案研究，可能的讀者類型。針對每一種類型，指出個案研究寫作應該強調或不要強調的特徵。同樣的寫作能滿足所有讀者的需求嗎？為什麼？

2. **減少寫作的障礙** 不管是不是個案研究，所有人在撰寫報告上都會有困難。為了寫作能成功，研究者在進行研究期間必須採取特定的步驟，以減少寫作的障礙。列舉出五個你可能採取的步驟，例如在研究初期就開始撰寫其中某一部份。你過去使用過這五個步驟嗎？

3. **預測評論過程中會遇到的的難題** 不論是書面或是口頭的報告，讓一些資訊提供者，也就是個案研究的對像來檢視報告草稿，都可能改善個案研究的寫作。請討論這種檢視有什麼優缺點。就控制品質的目的而言，有沒有什麼特定的好處？又可能有什麼缺點？整體來說值得這樣做嗎？

4. **在個案研究中維持匿名** 請找出一個其「個案」的名稱是偽造的個案研究（本書的方框中有一些例子，如社群研究中有 Lynd 和 Lynd 的

Middletown；組織研究中則有 Gross et al. 的 *Implementing Organizational Innovations*）。使用這種技術的優缺點為何？你自己的個案研究報告會使用哪種方式？為什麼？

5. **定義一個好的個案研究** 選擇一個你相信是以你所知，最好的個案研究（可以從這本書的方框中挑選）。是什麼原因造就了它成為一個好的個案研究？你須要做哪些特殊的努力，才能模仿這樣一個好的個案研究？

註釋

1. 有許多個案研究常見的讀者在這裡被忽略掉了：例如修了使用個案研究為教材的課程的學生。如同第一章中提到的，個案研究這種用法是為了教學而不是研究的目的，在這種情況下，整個個案研究策略的定義和作法都不同。

2. 曾經任職於美國國會研究處（U.S. General Accounting Office）的 Lois-Ellin Datta 提出了另一個描述個案研究這種角色的方法（U.S. General Accounting Office, 1990）。她認為個案報告應該被視為實地參訪的替代品，這樣的目標可以提供研究者撰寫報告時的指引。

3. 作者曾在這個問題上嚐到很多苦頭，當時是嘗試要幾位獨立的評論者檢視並評鑑大量的個案研究（見 Yin, Bateman, & Moore, 1983）。最後必須送大量的個案資料給每一位評論者閱讀，整個評鑑的過程必須要花大量的時間。

4. 當然，甚至當研究者讓個案或其參與者匿名時，還是會有少數和研究者共享這個秘密的同事，會知道真實的身份。在《*Street Corner Society*》和《*Middletown*》這兩個個案中，其他的社會學家，特別是那些和 Whyte 及 Lynds 在同一個學系工作的人，都很清楚真實的對像是誰。

5. 這個推論也是以一些實徵的研究發現為基礎。早期曾有一份調查，要求 21 位著名的社會科學家列出個案研究最好的品質（見 Yin, Bateman, & Moore, 1983）。這些品質中有一些反映了在此所討論的模範個案研究。

第二版的附註

　　這本書的第一版已日益受到社會和心理調查、評鑑研究、公共政策研究、以及商業、管理、和國際研究等領域的重視。一項有趣的發展，是在全國各地的商學院中，個案研究已逐漸轉變成為一種研究的（而不僅僅是教學的）工具。同樣地，關於國際計畫的研究者也已經發現了個案研究作為一種嚴肅的研究工具的重要性。整體來說，一個重要的趨勢是逐漸體會到了組織現象的複雜性，而個案研究則是對這複雜性最恰當的研究方法。

　　為了回應對於第一版（1984）的評論，修訂版（1989）試著進一步釐清在設計個案研究以及研究的概化上，理論所扮演的關鍵角色。修訂版中也提供了在多重個案研究中，關於決定使用的個案數目這個問題，進一步的指引。這兩部分都可以在第二章找到。另外還有一本相關的書也回應了這些先前的評論，《**個案研究法應用**》（*Application of Case Study Research*）（1993）這本書提供了實際應用個案研究方法廣泛的例子。

　　第二版更新了原始和修訂版，而沒有重複在那本應用導向的書中任何的例子。首先，內文中整合了很多新增加的最近才出現的文章，其中有一些相當有意義，而且直接處理了個案研究方法的問題（如 Agranoff & Radin, 1991;

Feagin, Orum, & Sjoberg, 1991; Hamel, 1992; Platt, 1992a; Stake, 1994; U.S. General Accounting Office, 1990）。其中 Platt 的文章追溯了個案研究作為一種研究方法的歷史發展過程，是特別提出來需要注意的。

其他一些出版品則是有關一些相關的主題，包括質化的方法、類型比對、以及報告及論文寫作（Becker, 1986; Lincoln, 1991; Marshall & Rossman, 1989; Merton, Fiske, & Kendall, 1990; Strauss & Corbin, 1990; Trochim, 1989; Van Maanen, 1988; Wolcott, 1990）。這些出版品有助於進一步釐清個案研究方法和其他研究策略之間，相類似以及有差異的範圍。

第二，內文中加強了一些包括有關全球市場和國際經濟，這些現在較為凸顯之主題的例子。這些例子有些在內文中，也有一些在說明範例內（見方框五乙、六、十一、和二十九）。整體來說，雖然方框的數目與第一版相比似乎是減少了，但因為第一版中有四個方框實際上是圖形而不是說明範例，所以這個觀察結果是會造成一些誤導。（這一版中這些圖表仍舊是內文的一部份，不過現在是標示為圖表而不是方框。）

第三，本文試著要更進一步闡明幾個關鍵議題，這些包含（a）廣泛的討論對於量化和質化研究間之評估的激烈爭論（第一章）；（b）還有更多關於理論發展的討論（第二章）；（c）釐清問題的五個層級；（d）資料收集單元和設計單元之間新的不同特徵（第三章）；（e）更精確的比較六類資料來源的優缺點；（f）更廣泛的討論以三角檢

定（triangulation）說明多重證據來源的理由（第四章）；
（g）使用程序邏輯模式作爲一種分析策略；（h）對於進
行高品質分析的額外指引（第五章）；以及更多一些關於
（i）寫作結構、和（j）寫作與修改（第六章）。總而言之，
雖然在某些其他方面這本書並沒有很大的改變，但這次修
訂事實上以某種方式，已經影響了書中的每一章。

　　最後一項重要的改變，就是對於個案研究定義增加了
很多詳細的關連。前一個版本舉出個案研究有三個特徵，
這個版本中（第一章）則增加了另外兩個隱含而在之前未
明確列舉出來的特徵。這個更加淸楚的定義，應該能有助
於增加對於個案研究方法，作爲一種研究工具的瞭解。

　　我想要藉由感謝過去十年來，所有實際應用過個案研
究法之新進以及有經驗的研究者，來結束這段附註。看來
這些人的數目似乎是變多了，集體來說，我希望和十年前
相比，我們現在能做得更好。雖然如此，創新以及希望能
顯著改善技巧的挑戰依然存在，而這一版的修訂反映出的
仍舊只是漸進式的變革。我們所想要的進步是希望能使個
案研究甚至更爲普及，同時又能提升其品質到一個不受質
疑的程度。

英漢對照

Analytic generalization 分析式概化

Analytic strategies, general, 分析策略, 一般性

   developing a case description 發展個案描述

   need for 需求

   relying on theoretical propositions 倚賴理論的命題

Analytic techniques 分析技術

Analyzing embedded units 分析隱含的單元

Archival records as evidence 以檔案記錄爲證據

   types of 類型

Case study 個案研究：

   characteristics of exemplary 可以作爲模範的特徵

   communication with 用來傳達

   conducting 執行

   designing 設計

   generalizing to theories 推論至理論

   keep flexible 維持彈性

   quantifying descriptive elements of 描述要素數量化

   reviewing 檢視

using complex time-series analyses 使用複雜的時間序
列分析
Case study, the 個案研究：
as research strategy 作為研究策略
completeness 完整性
consideration of alternative perspectives in 考慮另一
個觀點
criticisms of 批評
definition of as research strategy 作為研究策略的定
義
display of sufficient evidence in 展示足夠的證據
engaging quality of 動人的品質
examining contemporary event with 用以檢視當時的
事件
prejudices against 反對的偏見
significance 重要性
situations for using 使用的情境
variations of 變異
versus other research strategies 相對於其他的研究策
略
versus qualitative research 相對於質化研究法
Case study application 個案研究的應用
Case study compositions 個案研究寫作：
illustrative structures for 說明的結構
varieties of 種類

varieties of written reports 書寫報告的種類

written versus nonwritten reports 書寫與非書寫的報告

See also Case study report 見個案研究報告

Case study database 個案研究資料庫

case study documents in 個案研究文件

case study notes in 個案研究紀錄

components in development of 發展的構成要素

narratives in 敘事體

reliability, and 信度，以及

tabular materials in 表格的資料

Case study designs 個案研究設計

Case study investigators 個案研究調查者：

adaptiveness and flexibility in 適應性和彈性

desired skills of 需要的技巧

grasp of issues 掌握主題

lack of bias in 沒有偏見

listening skills of 傾聽的技巧

multiple 多重

question-asking skills of 問問題的技巧

Case study protocol 個案研究計畫書

case study questions in 個案研究的問題

field procedures of 實地實施程序

guide for case study report in 對個案研究報告的指導

importance of 重要性

create a case study database 建立個案研究資料庫

maintain a chain of evidence 發展一連串的證據鏈

use multiple sources of evidence 使用多重的證據來源

Data triangulation 資料三角檢定

Decentralization theory 分權理論

Decision-making the*ory* 決策理論

Descriptive case studies 描述性個案研究

example of 例子

pattern-matching and 類型比對

Descriptive theory, using metaphor to develop

描述性理論，使用隱喻來發展

Designing case studies 設計個案研究

general approaches to 一般的方法

Direct observation as evidence 以直接觀察爲證據

usefulness of 有用性

Documentation as evidence 以文件爲證據

importance of 重要性

role of in case study research 在個案研究中的角色

type of 類型

Embedded case studies 嵌入式個案研究

problems with 問題

versus holistic case studies 相對於整體性的個案研究

Evidence collection 收集證據

美國聯邦調查局犯罪活動報告

Field research logistics 田野調查研究的後勤

Formal tales 正式的故事

Group theories 群體的理論

High-quality analysis 高品質的分析

   example of in multiple-case study 在多重個案研究中的例子

   principles of 原則

Holistic case studies 整體性的個案研究：

   advantages of 優點

   problems with 問題

   versus embedded case studies 相對於嵌入式的個案研究

Human Relations Area Files, Yale University
耶魯大學人類關係區域檔案

Impressionist tales 印象主義者的故事

Individual theories 個人的理論

Internal validity 內在效度

Interview as evidence 以訪談為證據

   focused 著重在

   forms of 形式

   open-ended 開放式的

surveys 調查報告

Investigator triangulation 研究者三角檢定

Jointly-told tales 共同所說的故事

Journalistic case study, example of 新聞工作的個案研究，舉例

Linear-analytic compositional structures 線性分析的撰寫結構

   for descriptive case studies 對描述性個案研究

   for explanatory case studies 對解釋性個案研究

   for exploratory case studies 對探索性個案研究

Literal replication 原樣複現

Literary tales 文學的故事

Methodological triangulation 方法論三角檢定

Multiple-case designs 多重個案設計

   advantages of 優點

   cost of 成本

   embedded 嵌入的

   holistic 整體的

   policy-oriented theory and 政策導向的理論

   potential 可能的

   prevalence of 普及

   problems with 問題

external validity, and 外在效度，以及
internal validity, and 內在效度，以及
reliability and 信度，以及
Research designs 研究設計
criteria for judging quality 評斷品質的準則
definition of 定義
main purpose of 主要目的
tests for quality of 品質的測試
Research questions, types of 研究問題，類型

Sampling logic 抽樣邏輯
Shared-logic system 共享邏輯的系統
Single-case designs 單一個案研究
as critical case 作為關鍵個案
as extreme or unique case 做為極端或獨特的個案
as revelatory case 作為揭露式個案
embedded 嵌入的
holistic 整體的
potential 可能的
potential vulnerability of 潛在的弱點
rational for 原因
Social science research strategies 社會科學研究策略
case studies versus others 個案研究相對於其他策略
determining which to use 決定使用的策略
Societal theories 社會的理論

Triangulation 三角檢定法

    and using multiple sources of evidence 使用多重來源
的證據

    types of 類型

U.S. Congress 美國國會

Unsequenced compositional structures 非循序的撰寫結
構

    advantages of 好處

    for descriptive case studies 對描述性個案研究

Urban Institute 城市學會

關於作者

    Robert K. Yin 是 COSMOS 公司的總裁，這是一家專長在社會政策問題之研究和管理技術的公司。他在這家公司中參與了一些個別的專案，其中也包括了使用個案研究的，本書中所提到的許多應用，都來自 COSMOS 公司專案的成果。本書作者同時也寫了許多其他的書籍與文章，這本《個案研究：設計與方法》（*Case Study Research: Design and Methods*），之前有兩個版本（1984 年版，共有 8 刷；以及 1989 年版，有 15 刷）。Dr. Yin 過去曾是藍德公司（RAND Corporation）（1970-1978）以及 Cosmos 俱樂部的成員，他曾在 1992-1993 年間，擔任美國國會研究處（General Accounting Office）的訪問學者（計畫評鑑及方法部門），並且曾任許多期刊的編輯與審查人、以及美國國家科學院（National Academy of Science）的委員。他在應用社會研究方面所辦的研習、研討、與報告是世界知名的，最近並得到受邀在美國評鑑學會（American Evaluation Association）全體會議中發表：「一項精巧的技藝」之演說的榮譽（1992 年 11 月）。Robert Yin 於 1962 年自哈佛學院取得了歷史方面的文學士學位（magna cum laude），並於 1970 年在麻省理工學院大腦及認知科學系（Department of Brain and Cognitive

Sciences）得到哲學博士。

參考書目

Agranoff, R., & Radin, B. A. (1991). The comparative case study approach in public administration. *Research in Public Administration, 1,* 203-231.

Alkin, M., et al. (1979). *Using evaluations: Does evaluation make a difference?* Beverly Hills, CA: Sage.

Allison, G. T. (1971). *Essence of decision: Explaining the Cuban missile crisis.* Boston: Little, Brown.

Auger, D. A. (1979). The politics of revitalization in gentrifying neighborhoods: The case of Boston's South End. *Journal of the American Planning Association, 45,* 515-522.

Barzun, J., & Graff, H. (1985). *The modern researcher* (4th ed.). New York: Harcourt Brace Jovanovich.

Becker, H. S. (1958). Problems of inference and proof in participant observation. *American Sociological Review, 23,* 652-660.

Becker, H. S. (1963). Becoming a marijuana user. In H. S. Becker (Ed.), *The outsiders* (pp. 41-58). New York: Free Press.

Becker, H. S. (1967). Whose side are we on? *Social Problems, 14,* 239-247.

Becker, H. S. (1986). *Writing for social scientists: How to start and finish your thesis, book, or article.* Chicago: University of Chicago Press.

Bernstein, C., & Woodward, B. (1974). *All the president's men.* New York: Simon & Schuster.

Bickman, L. (1987). The functions of program theory. In L. Bickman (Ed.), *Using program theory in evaluation* (pp. 5-18). San Francisco: Jossey-Bass.

Bishop, Y. M., Fienberg, S. E., & Holland, P. W. (1975). *Discrete multivariate analysis.* Cambridge: MIT Press.

Blalock, H. M., Jr. (1961). *Causal inferences in nonexperimental research.* New York: Norton.

Blau, P. M. (1955). *The dynamics of bureaucracy.* Chicago: University of Chicago Press.

Bolgar, H. (1965). The case study method. In B. B. Wolman (Ed.), *The handbook of clinical psychology* (pp. 28-38). New York: McGraw-Hill.

Boruch, R. (forthcoming). *Conducting ramdomized experiments.* Thousand Oaks, CA: Sage.

Bouchard, T. J., Jr. (1976). Field research methods. In M. D. Dunnette (Ed.), *Industrial and organizational psychology* (pp. 363-413). Chicago: Rand McNally.

Brinton, C. (1938). *The anatomy of a revolution.* Englewood Cliffs, NJ: Prentice Hall.

Campbell, D. T. (1969). Reforms as experiments. *American Psychologist, 24,* 409-429.

Campbell, D. T. (1975). Degrees of freedom and the case study. *Comparative Political Studies, 8,* 178-193.

Campbell, D. T., & Stanley, J. (1966). *Experimental and quasi-experimental designs for research.* Chicago: Rand McNally.

Campbell, J. P., Daft, R. L., & Hulin, C. L. (1982). *What to study: Generating and developing research questions.* Beverly Hills, CA: Sage.

Carroll, J., & Johnson, E. (1992). Decision research: A field guide. *Journal of the Operational Research Society, 43,* 71-72.

Caulley, D. N., & Dowdy, I. (1987). Evaluation case histories as a parallel to legal case histories. *Evaluation and Program Planning, 10,* 359-372.

Cochran, W. G., & Cox, G. M. (1957). *Experimental designs* (2nd ed.). New York: John Wiley.

Cook, T. D., & Campbell, D. T. (1979). *Quasi-experimentation: Design and analysis issues for field settings.* Chicago: Rand McNally.

Cooper, H. M. (1984). *The integrative research review.* Beverly Hills, CA: Sage.

Cronbach, L. J., et al. (1980). *Toward reform of program evaluation: Aims, methods, and institutional arrangements.* San Francisco: Jossey-Bass.

Dabbs, J. M., Jr. (1982). Making things visible. In J. Van Maanen et al. (Eds.), *Varieties of qualitative research* (pp. 31-63). Beverly Hills, CA: Sage.

Denzin, N. K. (1978). The logic of naturalistic inquiry. In N. K. Denzin (Ed.), *Sociological methods: A sourcebook.* New York: McGraw-Hill.

Derthick, M. (1972). *New towns in-town: Why a federal program failed.* Washington, DC: Urban Institute.

Douglas, J. D. (1976). *Investigative social research: Individual and team field research.* Beverly Hills, CA: Sage.

Drucker, P. F. (1986). The changed world economy. In P. F. Drucker (Ed.), *The frontiers of management* (pp. 21-49). New York: E. P. Dutton.

Eckstein, H. (1975). Case study and theory in political science. In F. I. Greenstein & N. W. Polsby (Eds.), *Strategies of inquiry* (pp. 79-137). Reading, MA: Addison-Wesley.

Eisenhardt, K. M. (1989). Building theories from case study research. *Academy of Management Review, 14*(4), 532-550.

Feagin, J. R., Orum, A. M., & Sjoberg, G. (Eds.). (1991). *A case for the case study.* Chapel Hill: University of North Carolina Press.

Fetterman, D. (1989). *Ethnography: Step by step.* Newbury Park, CA: Sage.

Fiedler, J. (1978). *Field research: A manual for logistics and management of scientific studies in natural settings.* San Francisco: Jossey-Bass.

Fowler, F. J., Jr. (1988). *Survey research methods* (rev. ed.). Newbury Park, CA: Sage.

Friesema, P., et al. (1979). *Aftermath: Communities after natural disasters.* Beverly Hills, CA: Sage.

Gans, H. J. (1962). *The urban villagers: Group and class in the life of Italian-Americans.* New York: Free Press.

George, A. L. (1979). Case studies and theory development: The method of structured, focused comparison. In P. G. Lauren (Ed.), *Diplomacy: New approaches in history, theory, and policy* (pp. 43-68). New York: Free Press.

Glaser, B., & Strauss, A. (1967). *The discovery of grounded theory: Strategies for qualitative research.* Chicago: Aldine.

Goodman, L. (1978). *Analyzing quantitative categorical data.* Cambridge, MA: Abt Books.

Gottschalk, L. (1968). *Understanding history: A primer of historical method.* New York: Knopf.

Gross, N., et al. (1971). *Implementing organizational innovations.* New York: Basic Books.

Guba, E. G., & Lincoln, Y. S. (1981). *Effective evaluation.* San Francisco: Jossey-Bass.

Guba, E. G., & Lincoln, Y. S. (1989). *Fourth generation evaluation.* Newbury Park, CA: Sage.

Hamel, J. (Ed.). (1992, Spring). The case study method in sociology [Whole issue]. *Current Sociology, 40.*

Hammond, P. E. (1968). *Sociologists at work: Essays on the craft of social research.* Garden City, NY: Doubleday.

Harrison, M. I. (1987). *Diagnosing organizations.* Newbury Park, CA: Sage.

Hedrick, T., Bickman, L., & Rog, D. J. (1993). *Applied research design.* Newbury Park, CA: Sage.

Herriott, R. E., & Firestone, W. A. (1983). Multisite qualitative policy research: Optimizing description and generalizability. *Educational Researcher, 12,* 14-19.

Herriott, R. E., & Gross, N. (Eds.). (1979). *The dynamics of planned educational change.* Berkeley, CA: McCutchan.

Hersen, M., & Barlow, D. H. (1976). *Single-case experimental designs: Strategies for studying behavior.* New York: Pergamon.

Hoaglin, D. C., Light, R. J., McPeek, B., Mosteller, F., & Stoto, M. A. (1982). *Data for decisions: Information strategies for policymakers.* Cambridge, MA: Abt Books.

Hooks, G. (1990). The rise of the Pentagon and U.S. state building: The defense program as industrial policy. *American Journal of Sociology, 96,* 358-404.

Jacob, E. (1987). Qualitative research traditions: A review. *Review of Educational Research, 57,* 1-50.

Jacob, E. (1989). Qualitative research: A defense of traditions. *Review of Educational Research, 59,* 229-235.

Jacobs, G. (Ed.). (1970). *The participant observer: Encounters with social reality.* New York: George Braziller.

Jacobs, J. (1961). *The death and life of great American cities.* New York: Random House.

Johnson, J. (1976). *Doing field research.* New York: Free Press.

Jorgensen, D. (1989). *Participant observation: A methodology for human studies.* Newbury Park, CA: Sage.

Kaufman, H. (1960). *The forest ranger: A study in administrative behavior.* Baltimore: Johns Hopkins University Press.

Kaufman, H. (1981). *The administrative behavior of federal bureau chiefs.* Washington, DC: Brookings Institution.

Kennedy, M. M. (1976). Generalizing from single case studies. *Evaluation Quarterly, 3,* 661-678.

Kidder, L. (1981). Qualitative research and quasi-experimental frameworks. In M. Brewer & B. E. Collins (Eds.), *Scientific inquiry and the social sciences* (pp. 227-256). San Francisco: Jossey-Bass.

Kidder, L., & Judd, C. M. (1986). *Research methods in social relations* (5th ed.). New York: Holt, Rinehart & Winston.

Kidder, T. (1981). *The soul of a new machine.* Boston: Little, Brown.

King, J. A., Morris, L. L., & Fitz-Gibbon, C. T. (1987). *How to assess program implementation.* Newbury Park, CA: Sage.

Kratochwill, T. R. (1978). *Single subject research.* New York: Academic Press.

Larsen, J. (1982). *Use of knowledge in mental health services.* Palo Alto, CA: American Institutes for Research.

Latané, B., & Darley, J. M. (1969). Bystander apathy. *American Behavioral Scientist, 57,* 244-268.

Lavrakas, P. J. (1987). *Telephone survey methods.* Newbury Park, CA: Sage.

Liebow, E. (1967). *Tally's corner.* Boston: Little, Brown.

Lightfoot, S. L. (1981). Portraits of exemplary secondary schools. *Daedalus, 110,* 17-38, 59-80, 97-116.

Lijphart, A. (1975). The comparable-cases strategy in comparative research. *Comparative Political Studies, 8,* 158-177.

Lincoln, Y. S. (1991). The arts and sciences of program evaluation. *Evaluation Practice, 12,* 1-7.

Lincoln, Y. S., & Guba, E. G. (1985). But is it rigorous? Trustworthiness and authenticity in naturalistic evaluation. In D. D. Williams (Ed.), *Naturalistic evaluation.* San Francisco: Jossey-Bass.

Lincoln, Y. S., & Guba, E. G. (1986). *Naturalistic inquiry.* Beverly Hills, CA: Sage.

Linn, R. L., et al. (1982, April). The validity of the Title I evaluation and reporting system. In E. Reisner et al. (Eds.), *Assessment of the Title I evaluation and reporting system*. Washington, DC: U.S. Department of Education.

Lipset, S. M., Trow, M., & Coleman, J. (1956). *Union democracy: The inside politics of the International Typographical Union*. New York: Free Press.

Llewellyn, K. N. (1948). Case method. In E. Seligman & A. Johnson (Eds.), *Encyclopedia of the social sciences*. New York: Macmillan.

Lofland, J. (1971). *Analyzing social settings: A guide to qualitative observation and analysis*. Belmont, CA: Wadsworth.

Lucas, W. A. (1974). *The case survey method*. Santa Monica, CA: RAND Corporation.

Lupo, A., et al. (1971). *Rites of way*. Boston: Little, Brown.

Lynd, R. S., & Lynd, H. M. (1929). *Middletown: A study in modern American culture*. New York: Harcourt Brace Jovanovich.

Magaziner, I. C., & Patinkin, M. (1989). *The silent war: Inside the global business battles shaping America's future*. New York: Random House.

Majchrzak, A. (1984). *Methods for policy research*. Beverly Hills, CA: Sage.

Markus, M. L. (1983). Power, politics, and MIS implementation. *Communications of the ACM, 26*, 430-444.

Marshall, C., & Rossman, G. B. (1989). *Designing qualitative research*. Newbury Park, CA: Sage.

McCall, G. J., & Simmons, J. L. (1969). *Issues in participant observation*. Reading, MA: Addison-Wesley.

McClintock, C. (1985). Process sampling: A method for case study research on administrative behavior. *Educational Administration Quarterly, 21*, 205-222.

Mechling, J. E. (1974). Successful innovation: Manpower scheduling. *Urban Analysis, 3*, 259-313.

Merton, R. K., Fiske, M., & Kendall, P. L. (1990). *The focused interview: A manual of problems and procedures* (2nd ed.). New York: Free Press.

Miles, M. B. (1979). Qualitative data as an attractive nuisance: The problem of analysis. *Administrative Science Quarterly, 24*, 590-601.

Miles, M. B., & Huberman, A. M. (1984). *Analyzing qualitative data: A source book for new methods*. Beverly Hills, CA: Sage.

Moore, B., Jr. (1966). *Social origins of dictatorship and democracy: Lord and peasant in the making of the modern world*. Boston: Beacon.

Moore, G. B., & Yin, R. K. (1983). *Innovations in earthquake and natural hazards research: Unreinforced masonry*. Washington, DC: COSMOS Corporation.

Morris, L. L., Fitz-Gibbon, C. T., & Freeman, M. E. (1987). *How to communicate evaluation findings*. Newbury Park, CA: Sage.

Murphy, J. T. (1980). *Getting the facts: A fieldwork guide for evaluators and policy analysts*. Santa Monica, CA: Goodyear.

Nachmias, D., & Nachmias, C. (1992). *Research methods in the social sciences*. New York: St. Martin.

Naroll, R., & Cohen, R. (Eds.). (1973). *A handbook of method in cultural anthropology*. New York: Columbia University Press.

Neustadt, R. E., & Fineberg, H. (1983). *The epidemic that never was: Policy-making and the swine flu affair*. New York: Vintage.

Patton, M. Q. (1980). *Qualitative evaluation methods*. Beverly Hills, CA: Sage.

Patton, M. Q. (1987). *How to use qualitative methods in evaluation*. Newbury Park, CA: Sage.

Pelto, P. J., & Pelto, G. H. (1978). *Anthropological research: The structure of inquiry.* Cambridge: Cambridge University Press.

Pelz, D. C. (1981). *Use of innovation in innovating processes by local governments.* Ann Arbor: University of Michigan, CRUSK, Institute for Social Research.

Perry, J. M., & Kraemer, K. L. (1986). Research methodology in the public administration review. *Public Administration Review, 46,* 215-226.

Peters, T. J., & Waterman, R. H., Jr. (1982). *In search of excellence.* New York: Harper & Row.

Peterson, K. A., & Bickman, L. (1992). Using program theory in quality assessments of children's mental health services. In H. T. Chen & P. Rossi (Eds.), *Using theory to improve program and policy evaluations* (pp. 165-176). Westport, CT: Greenwood.

Philliber, S. G., Schwab, M. R., & Samsloss, G. (1980). *Social research: Guides to a decision-making process.* Itasca, IL: Peacock.

Platt, J. (1992a). "Case study" in American methodological thought. *Current Sociology, 40,* 17-48.

Platt, J. (1992b). Cases of cases . . . of cases. In C. C. Ragin & H. S. Becker (Eds.), *What is a case? Exploring the foundations of social inquiry* (pp. 21-52). New York: Cambridge University Press.

Pressman, J. L., & Wildavsky, A. (1973). *Implementation: How great expectations in Washington are dashed in Oakland.* Berkeley: University of California Press.

Redman, E. (1973). *The dance of legislation.* New York: Simon & Schuster.

Rog, D. J., & Huebner, R. B. (1992). Using research and theory in developing innovative programs for homeless individuals. In H. T. Chen & P. Rossi (Eds.), *Using theory to improve program and policy evaluations* (pp. 129-144). Westport, CT: Greenwood.

Rosenthal, R. (1966). *Experimenter effects in behavioral research.* New York: Appleton-Century-Crofts.

Rothney, J. M. (1968). *Methods of studying the individual child: The psychological case study.* Waltham, MA: Blaisdell.

Schatzman, L., & Strauss, A. (1973). *Field research.* Englewood Cliffs, NJ: Prentice Hall.

Schramm, W. (1971, December). *Notes on case studies of instructional media projects.* Working paper, the Academy for Educational Development, Washington, DC.

Schwartz, H., & Jacobs, J. (1979). *Qualitative sociology: A method to the madness.* New York: Free Press.

Sechrest, L. (1991, October-November). *Roots: Back to our first generations.* Presidential remarks at the annual meeting of the American Evaluation Association, Chicago.

Selznick, P. (1980). *TVA and the grass roots: A study of politics and organization.* Berkeley: University of California Press. (Original work published 1949)

Sidowski, J. B. (Ed.). (1966). *Experimental methods and instrumentation in psychology.* New York: Holt, Rinehart & Winston.

Sieber, S. D. (1973). The integration of fieldwork and survey methods. *American Journal of Sociology, 78,* 1335-1359.

Smith, J. K., & Heshusius, L. (1986). Closing down the conversation: The end of the quantitative-qualitative debate among educational inquirers. *Educational Researcher, 15,* 4-12.

Smith, N. L. (1990). Cautions on the use of investigative case studies in meta-evaluation. *Evaluation and Program Planning, 13*(4), 373-378.

Spilerman, S. (1971). The causes of racial disturbances: Tests of an explanation. *American Sociological Review, 36,* 427-442.

Stake, R. E. (1983). The case study method in social inquiry. In G. F. Madaus, M. S. Scriven, & D. L. Stufflebeam (Eds.), *Evaluation models* (pp. 279-286). Boston: Kluwer-Nijhoff.

Stake, R. E. (1986). *Quieting reform: Social science and social action in an urban youth program.* Urbana: University of Illinois Press.

Stake, R. E. (1994). Case studies. In N. K. Denzin & Y. S. Lincoln (Eds.), *Handbook of qualitative research* (pp. 236-247). Thousand Oaks, CA: Sage.

Standerfer, N. R., & Rider, J. (1983). The politics of automating a planning office. *Planning, 49,* 18-21.

Stein, H. (1952). Case method and the analysis of public administration. In H. Stein (Ed.), *Public administration and policy development* (pp. xx-xxx). New York: Harcourt Brace Jovanovich.

Stoecker, R. (1991). Evaluating and rethinking the case study. *The Sociological Review, 39,* 88-112.

Strauss, A., & Corbin, J. (1990). *Basics of qualitative research: Grounded theory procedures and techniques.* Newbury Park, CA: Sage.

Sudman, S., & Bradburn, N. M. (1982). *Asking questions: A practical guide to questionnaire design.* San Francisco: Jossey-Bass.

Szanton, P. (1981). *Not well advised.* New York: Russell Sage Foundation and the Ford Foundation.

Towl, A. R. (1969). *To study administrations by cases.* Boston: Harvard University Business School.

Trochim, W. (1989). Outcome pattern matching and program theory. *Evaluation and Program Planning, 12,* 355-366.

U.S. General Accounting Office, Program Evaluation and Methodology Division. (1990). *Case study evaluations.* Washington, DC: Government Printing Office.

U.S. National Commission on Neighborhoods. (1979). *People, building neighborhoods.* Washington, DC: Government Printing Office.

U.S. Office of Technology Assessment. (1980-1981). *The implications of cost-effectiveness analysis of medical technology: Case studies of medical technologies.* Washington, DC: Government Printing Office.

Valentine, C. A. (1968). *Culture and poverty: Critique and counter-proposals.* Chicago: University of Chicago Press.

Van Maanen, J. (1988). *Tales of the field: On writing ethnography.* Chicago: University of Chicago Press.

Van Maanen, J., Dabbs, J. M., Jr., & Faulkner, R. R. (1982). *Varieties of qualitative research.* Beverly Hills, CA: Sage.

Wax, R. (1971). *Doing field work.* Chicago: University of Chicago Press.

Webb, E., Campbell, D. T., Schwartz, R. D., Sechrest, L., & Grove, J. B. (1981). *Nonreactive measures in the social sciences* (2nd ed.). Boston: Houghton Mifflin.

Webb, E., & Weick, K. E. (1979). Unobtrusive measures in organizational theory: A reminder. *Administrative Science Quarterly, 24,* 650-659.

Wholey, J. (1979). *Evaluation: Performance and promise.* Washington, DC: Urban Institute.

Whyte, W. F. (1955). *Street corner society: The social structure of an Italian slum.* Chicago: University of Chicago Press. (Original work published 1943)

Wilford, J. N. (1992). *The mysterious history of Columbus.* New York: Vintage.

Windsor, D., & Greanias, G. (1983). The public policy and management program for case/course development. *Public Administration Review, 26,* 370-378.

Wolcott, H. F. (1990). *Writing up qualitative research.* Newbury Park, CA: Sage.

Yin, R. K. (1970). Face recognition by brain-injured patients: A dissociable ability? *Neuropsychologia, 8,* 395-402.

Yin, R. K. (1972). *Participant-observation and the development of urban neighborhood policy.* New York: New York City-Rand Institute.

Yin, R. K. (1978). Face perception: A review of experiments with infants, normal adults, and brain-injured persons. In R. Held, H. W. Leibowitz, & H. Teuber (Eds.), *Handbook of sensory physiology: Vol. 8. Perception* (pp. 593-608). New York: Springer-Verlag.

Yin, R. K. (1979). *Changing urban bureaucracies: How new practices become routinized.* Lexington, MA: Lexington Books.

Yin, R. K. (1980). Creeping federalism: The federal impact on the structure and function of local government. In N. J. Glickman (Ed.), *The urban impacts of federal policies* (pp. 595-618). Baltimore: Johns Hopkins University Press.

Yin, R. K. (1981a). The case study as a serious research strategy. *Knowledge: Creation, Diffusion, Utilization, 3,* 97-114.

Yin, R. K. (1981b). The case study crisis: Some answers. *Administrative Science Quarterly, 26,* 58-65.

Yin, R. K. (1981c). Life histories of innovations: How new practices become routinized. *Public Administration Review, 41,* 21-28.

Yin, R. K. (1982a). *Conserving America's neighborhoods.* New York: Plenum.

Yin, R. K. (1982b). Studying the implementation of public programs. In W. Williams et al. (Eds.), *Studying implementation: Methodological and administrative issues* (pp. 36-72). Chatham, NJ: Chatham House.

Yin, R. K. (1982c). Studying phenomenon and context across sites. *American Behavioral Scientist, 26,* 84-100.

Yin, R. K. (1983). *The case study method: An annotated bibliography* (1983-1984 ed.). Washington, DC: COSMOS Corporation.

Yin, R. K. (1993). *Applications of case study research.* Newbury Park, CA: Sage.

Yin, R. K. (1994). Evaluation: A singular craft. In C. Reichardt & S. Rallis (Eds.), *New directions in program evaluation* (pp. 71-84). San Francisco: Jossey-Bass.

Yin, R. K., Bateman, P. G., & Moore, G. B. (1983, September). *Case studies and organizational innovation: Strengthening the connection.* Washington, DC: COSMOS Corporation.

Yin, R. K., Bingham, E., & Heald, K. A. (1976). The difference that quality makes. *Sociological Methods & Research, 5,* 139-156.

Yin, R. K., & Heald, K. A. (1975). Using the case survey method to analyze policy studies. *Administrative Science Quarterly, 20,* 371-381.

Yin, R. K., Heald, K. A., & Vogel, M. (1977). *Tinkering with the system: Technological innovations in state and local services.* Lexington, MA: Lexington Press.

Yin, R. K., & Moore, G. B. (1984). *The utilization of research: Lessons from a multi-disciplined field.* Washington, DC: COSMOS Corporation.

Yin, R. K., & White, J. L. (1984). *Microcomputer implementation in schools.* Washington, DC: COSMOS Corporation.

Yin, R. K., & Yates, D. (1975). *Street-level governments: Assessing decentralization and urban services.* Lexington, MA: Lexington Press.

索引 （此爲原書頁碼，並標示在內文中）

physical artifacts, 78, 79, 90
Explanation-building, 35, 102, 106, 110-113, 120, 125
    elements of explanations, 110-111
    in multiple-case studies, 112
    iterative nature of, 111
    potential problems in, 111-113
Explanatory case studies, 1, 4, 131, 138
    example of, 5
    explanation-building and, 110
    internal validity and, 35
    pattern-matching and, 106
    program logic models and, 118
Exploratory case studies, 1, 4, 138
    exploration as analogy for, 22
    program logic models and, 118
External validity, 18, 33, 35-36, 50, 79, 106, 125
    as barrier to case studies, 36

FBI Uniform Crime Reports, 34, 84
Field research logistics, 60
Formal tales, 136

Group theories, 30

High-quality analysis, 123-124
    example of in multiple-case study, 124
    principles of, 123-124
Holistic case studies:
    advantages of, 42
    problems with, 42
    versus embedded case studies, 41-44
Human Relations Area Files, Yale University, 95

Impressionist tales, 136
Individual theories, 30
Internal validity, 18, 33, 35, 79, 106, 125
Interviews as evidence, 78, 79, 84-86
    focused, 84-85
    forms of, 84
    open-ended, 84
    surveys, 85
Investigator triangulation, 92

Jointly-told tales, 136
Journalistic case study, example of, 16

Linear-analytic compositional structures, 127, 137, 138-139
    for descriptive case studies, 138
    for explanatory case studies, 138
    for exploratory case studies, 138
Literal replication, 48, 108, 109
Literary tales, 136

Methodological triangulation, 92
Multiple-case designs, 14, 15, 38, 44-51
    advantages of, 45
    cost of, 51
    embedded, 38, 51
    holistic, 38, 51
    policy-oriented theory and, 47
    potential, 44-51
    prevalence of, 51
    problems with, 45
    replication logic for, 45-50, 51
    versus single-case designs, 45
Multiple sources of evidence, 34, 79, 90-94
    advantages of using, 92
    in case studies, 91
    prerequisites for using, 94
    rationale for using, 91-93
    triangulation and, 91-93

Organizational theories, 30

Participant-observation as evidence, 78, 79, 87-89
    problems related to, 89
Pattern-matching, 35, 102, 106, 106-110, 118, 120, 125
    for rival explanations, 109
    internal validity and, 106
    nonequivalent dependent variables as pattern, 106-108
    precision of, 110
    rival explanations as patterns, 108-109
    simpler patterns, 109-110
Physical artifacts as evidence, 78, 79, 90

個案研究法

原　　著 / Robert K. Yin

譯　　者 / 尚榮安

校　　閱 / 陳禹長

執行編輯 / 陳宜秀

出 版 者 / 弘智文化事業有限公司

登 記 證 / 局版台業字第 6263 號

總 經 銷 / 揚智文化事業股份有限公司

地　　址 / 台北縣深坑鄉北深路三段 260 號 8 樓

電　　話 / （02）8662-6826‧8662-6810

傳　　真 / （02）2664-7633

E-mail / service@ycrc.com.tw

製　　版 / 信利印製有限公司

ISBN / 957-0453-24-9

版　　次 / 2005 年 06 月初版二刷

定　　價 / 300 元

弘智文化出版品進一步資訊歡迎至網站瀏覽：

http://www.ycrc.com.tw

國家圖書館出版品預行編目資料

個案研究法 / Robert K. Yin 著； 尙榮安 譯.
-- 初版. -- 台北市：弘智文化； 2001〔民90〕
面： 公分（應用社會科學調查研究方法
系列叢書；16）
含索引
譯自：Case study research ： design and
methods, 2nd ed.
ISBN 957-0453-24-9（平裝）

1. 個案研究法

501.21   90000480